Palavra aos espíritas

ORGANIZAÇÃO:
Alvaro Chrispino

Palavra aos espíritas

Coletânea de mensagens sobre unificação
e Movimento Espírita publicadas pela
Federação Espírita Brasileira

Copyright © 2013 *by*
FEDERAÇÃO ESPÍRITA BRASILEIRA – FEB

1ª edição – 1ª impressão – 3 mil exemplares – 10/2014

ISBN 978-85-7328-837-7

Todos os direitos reservados. Nenhuma parte desta publicação pode ser reproduzida, armazenada ou transmitida, total ou parcialmente, por quaisquer métodos ou processos, sem autorização do detentor do *copyright*.

FEDERAÇÃO ESPÍRITA BRASILEIRA – FEB
Av. L2 Norte – Q. 603 – Conjunto F (SGAN)
70830-106 – Brasília (DF) – Brasil
www.febeditora.com.br
editorial@febnet.org.br
+55 61 2101 6198

Pedidos de livros à FEB
Gerência comercial – Rio de Janeiro
Tel.: (21) 3570 8973/ comercialrio@febnet.org.br
Gerência comercial – São Paulo
Tel.: (11) 2372 7033/ comercialsp@febnet.org.br
Livraria – Brasília
Tel.: (61) 2101 6161/ falelivraria@febnet.org.br

Texto revisado conforme o Novo Acordo Ortográfico.

Dados Internacionais de Catalogação na Publicação (CIP)
(Federação Espírita Brasileira – Biblioteca de Obras Raras)

C554p   Chrispino, Alvaro (Org.), 1960–

         Palavra aos espíritas: coletânea de mensagens sobre unificação e movimento espírita publicadas pela Federação Espírita Brasileira / [psicografadas por] Francisco Cândido Xavier, Waldo Vieira, Divaldo Pereira Franco e Julio Cezar Grandi Ribeiro; organização de Alvaro Chrispino. – 1.ed. – 1.imp. – Brasília: FEB, 2014.

         171 p.; 23 cm

         ISBN 978-85-7328-837-7

         1. Espiritismo. I. Xavier, Francisco Cândido, 1910-2002. II. Vieira, Waldo, 1932-. III. Franco, Divaldo Pereira, 1927-. IV. Ribeiro, Julio Cezar Grandi, 1935-1999. V. Federação Espírita Brasileira. VI. Título.

                                                     CDD 133.9
                                                     CDU 133.7
                                                    CDE 80.03.00

Sumário

1 Palavra aos espíritas … 17
2 O Centro Espírita … 21
3 Exposição espírita … 23
4 Unificação … 25
5 Prioridades … 27
6 Divulgação espírita … 31
7 Palavras de um batalhador … 35
8 Orando e vigiando … 39
9 No campo espírita … 43
10 Em marcha … 47
11 Um irmão de regresso … 51
12 No serviço cristão … 57
13 Mãos à obra … 59
14 Ouçamos … 61
15 Companheiro de regresso … 65
16 Apelo à união … 71
17 Anotação fraterna … 75
18 Palavras de alerta … 79
19 O espírita na equipe … 83
20 Espíritas em família não espírita … 85
21 Espíritas, meditemos … 87
22 Companheiros francos … 89

23 No dia das tarefas	91
24 A missão	95
25 Aos espiritistas	99
26 O aviso oportuno	103
27 Ante a mensagem espírita	107
28 Ensino espírita	111
29 Aliança espírita	113
30 A paixão de Jesus	115
31 O Espiritismo em sua vida	119
32 A conclusão da pesquisa	121
33 Espíritas pela segunda vez	123
34 Trabalhadores sem trabalho	125
35 Lutas na equipe	129
36 Espíritas!	131
37 Tarefas	135
38 Considerações oportunas	139
39 Zelo doutrinário	143
40 Grupos mediúnicos	147
41 Divulgação doutrinária	151
42 Devotos de superfície	155
43 Formação de equipe	159
44 O Centro Espírita	163
Apêndice	167
Referências	169

Introdução

Estamos convictos de que a Doutrina Espírita, se nos favorece o engrandecimento do coração no cadinho das experiências vividas, igualmente nos enseja a exaltação da inteligência, situando-nos entre o estudo e a meditação a fim de que a sabedoria nos inspire a seleção dos valores morais que iluminem o Espírito.
Assim, mobilizemos razão e bom senso, verificando nosso posicionamento nas lides espiritistas, de forma a valorizar o tempo em nós, ante as realizações que realmente nos competem.
A acomodação ao empirismo entremeado de êxtases do sentimento não se coaduna com a hora presente, a exigir reflexão e amadurecimento que estabelecem transformação de base.

Guillon Ribeiro
in Tarefas.

Essa obra reúne um conjunto de mensagens recebidas pelos médiuns Francisco Candido Xavier, Divaldo Pereira Franco, Waldo Vieira e Júlio Cezar Grandi Ribeiro, todas publicadas pela FEB — Federação Espírita Brasileira, e que tratam de alguma forma do Movimento Espírita, aqui entendido como a atividade humana organizada, por meio de ações, práticas e procedimentos, bem como pela criação de sistemas organizacionais, buscando difundir o Evangelho de Jesus na visão dos Princípios Espíritas resultantes da universalização dos ensinos espíritas, conforme codificado por Allan Kardec.

Essas mensagens — tal qual aquelas reunidas em *Aos espíritas*,[1] que reúne mensagens que tratam da ação dos espíritos e da unificação, recebidas pelo médium Divaldo Franco e publicadas pela LEAL (Salvador) — começaram a ser coletadas e reunidas na década de 1980, quando da implantação do ESDE — Estudo Sistematizado da Doutrina Espírita, visando subsidiar os encontros e a formação de dirigentes espíritas para as diversas funções que caracterizam a atividade do Movimento Espírita e das instituições espíritas que o constituem.

Gostaríamos de apresentar ao leitor algumas reflexões sobre as ideias religiosas em sua essência e origem e sua relação com os movimentos religiosos que se organizam, cada um a sua maneira, para promover a ideia religiosa que agasalham. Para tal, vamos buscar auxílio (1) na comparação da evolução histórica recente das religiões chamadas de tradicionais, (2) na descrição histórica dos fenômenos de organização religiosa nos primeiros séculos da Igreja Nascente e, por fim, (3) na maneira como a comunidade de ciência e de tecnologia trata o conhecimento científico. Tal exercício tem por objetivo oferecer subsídios a possível analogia com o Movimento Espírita brasileiro.

Rubem Alves — o conhecido educador cujos livros alimentam os debates lúcidos da educação brasileira — possui uma obra muito curiosa intitulada *Protestantismo e repressão*, publicada em 1982. Nessa obra, Rubem Alves propõe uma reflexão acerca de interessante fenômeno religioso envolvendo a ideia original do Protestantismo, o Livre Exame, e como a comunidade religiosa protestante se organizava produzindo efeitos contrários a sua tese de fundação, visto que se pautava no que se chamou de conservadorismo.

Já na *Nota preliminar* de sua obra[2], o autor sintetiza a questão quando escreve que:

---

[1] CHRISPINO, Alvaro. *Aos espíritas*. 2005.

[2] ALVES, Rubem. *Protestantismo e repressão*. 1982.

INTRODUÇÃO

> O Protestantismo, no momento de seu estabelecimento no Brasil, se apresentava como uma força renovadora. Não pretendia um simples ajustamento às condições político-sociais dominantes. A organização democrática de suas igrejas, seu esforço educacional liberal, sua vocação secularizante de separação entre Igreja e Estado, sua denúncia das consequências economicamente retrógradas e politicamente totalitárias do domínio católico no Brasil, são evidências de que, naquele momento, o Protestantismo desejava profundas transformações políticas, sociais e econômicas no país.

Após apresentar as características do movimento protestante quando de sua instalação no Brasil, Rubem Alves apresenta o contraponto histórico-religioso a fim de balizar o trabalho de pesquisa. Faz isso apresentando sua visão sobre o movimento católico da época. Escreve ele que

> [...] a situação da Igreja Católica era exatamente oposta. Temerosa de rupturas, colocava-se ao lado do tradicionalismo. Comprometida com o passado, inimiga da modernidade, inimiga também da secularização e do pragmatismo democrático que minava os fundamentos de uma ordem social sacral, a Igreja Católica acusou o Protestantismo como perigosa força subversiva, ao ponto de ser denunciado como cúmplice (talvez inocente, não importa) do Comunismo, pelo então Mons. Agnelo Rossi.

Ainda na *Nota preliminar*, o autor nos convida a uma reflexão ao comparar como os movimentos católico e protestante se desenvolveram nas décadas posteriores e como chegaram ao nosso tempo.

Ao citar a evolução do Protestantismo, após a década de 1950, descreverá que "foram deflagrados mecanismos de controle e repressão que terminaram por eliminar totalmente as novas tendências. O discurso sobre liberdade de consciência deu lugar ao discurso sobre obediência e a conformidade ao pensamento herdado do passado".

Quanto à Igreja Católica, escreve que esta seguiu "um desenvolvimento inverso, extremamente surpreendente". Esta saiu de uma estrutura vertical, hierarquizada e centralizada, visto a existência do dogma da infalibilidade papal que produziu eficiente mecanismo de controle e submissão, para a permissão do "surgimento de uma enorme diversidade de posições teológicas divergentes e de formas de vida distintas", demonstrando uma elasticidade e uma tolerância que mais a aproximava do Livre Exame, base fundadora do Protestantismo.

Seu texto conclui apontando para os paradoxos dos movimentos religiosos em análise. O Protestantismo nasce sob a égide do Livre Exame, buscando libertar o homem do jugo religioso-político da época, e o movimento protestante, ao longo do tempo, cria mecanismos de controle e repressão, chegando ao ponto de submeter a interpretação e os comportamentos individual e social a regras da comunidade religiosa instituída.

A Igreja Católica, por meio do movimento que a representava, saiu de conhecido padrão de controle e repressão — violenta e fatal — que buscava submeter os dissidentes, os divergentes e os diferentes, para um movimento que acolhe extremos teológicos e ideias religiosas díspares, mantendo-as sob o mesmo teto religioso por meio da convergência dos sacramentos comuns a todas.

Dois pontos de partida distintos, duas trajetórias de construção de modelos religiosos diferentes, dois pontos de chegada absolutamente antagônicos. Tudo isso construído pelos movimentos religiosos.

Cabe-nos questionar o que podemos aprender com as reflexões apresentadas por Rubem Alves. Primeiro: as decisões dos homens nos movimentos religiosos que devem representar as ideias fundadoras da Religião por eles difundidas podem alterar-lhes a essência, passando a se tornar um fim em si mesmo ao invés de meio de difusão dos princípios originais que dizem esposar. Eis o risco apontado pela história dos movimentos católico e protestante.

Um segundo ponto, não menos importante, é que a existência de práticas e procedimentos comuns e padronizados pode não representar a Ideia Original que declamamos viver e defender.

Logo, podemos, no exercício do movimento representativo do Espiritismo — o Movimento Espírita — trair os Princípios Básicos originais pelas escolhas que fazemos. Assim como podemos nos equivocar impingindo regras, práticas e procedimentos definidos e engessadores, achando que isso garante a manutenção da essência fundadora do Espiritismo.

Ser fiel aos Princípios Básicos e propor práticas e procedimentos concernentes a estes mesmos princípios é um desafio que o Movimento Espírita está constantemente chamando a viver e experimentar.

Se o Livre Exame, que consagrou a reforma do pensamento religioso, sofreu interpretações variadas ao sabor dos interesses de indivíduos e grupos, não podemos dizer que esse fenômeno de interferência humana na ideia religiosa fosse desconhecido. Will Durant, o conhecido historiador, na sua *História da civilização*, no volume III, intitulado *César e Cristo*,[3] terá a oportunidade de escrever que a Igreja Nascente, frente à diversidade de interpretações e pela divisão que estas provocavam, viu a necessidade de estabelecer procedimentos que permitissem a sua unidade, na visão de seus líderes à época.

Will Durant aponta o crescimento do Cristianismo e sua consolidação para, depois, descrever em detalhes como a essência do Cristianismo foi sofrendo modificações, resultando em práticas e procedimentos que se afastavam da Ideia Original que o caracterizava. Escreve que "enquanto o Cristianismo convertia o mundo, o mundo convertia o Cristianismo, fazendo-o mostrar o natural paganismo do homem".

Escreve, ainda, sobre o conflito existente por conta dos diversos credos derivados da interpretação do Cristianismo, dando especial atenção àqueles que produziram maior instabilidade na Igreja Nascente: os Gnósticos, os Marcionitas e os Montanitas. O historiador lista os que chamou de credos ou heresias menores: os Encratitas, os Abstinentes, os Docetistas, os Teodotianos, os Adopcionistas, os Modalistas, os Sabelianos, os Monarquianos, os Monofisitas, os Monotelistas, os Maniqueistas, dentre outros.

Para sintetizar a capacidade que o homem teve (e tem) de interpretar textos de acordo com sua cultura, credos e valores prévios, Durant escreve que "lá por 187, Irineu colecionou 20 variedades de Cristianismo; em 384 Epifânio contou 80. Por toda parte ideias estrangeiras estavam parasitando a fé cristã, e os cristãos deixavam-se atrair pelas novas seitas".

---

[3] DURANT, Will. *César e Cristo*: história da civilização. V. 3, 1971.

A partir do que a história contada nos aponta, podemos apreender que as crenças prévias e os valores alimentados desde antes, sem falar dos interesses individuais e coletivos, são capazes de interferir na interpretação que se dá ao conhecimento organizado — no caso, o Evangelho de Jesus na sua essência — e mesmo no fato experimental — no caso, os fenômenos mediúnicos que permitiram a construção dos Princípios Espíritas. Logo, devemos cuidar para que a interpretação que damos ao Espiritismo seja o mais fiel possível às suas origens.

Considerando que comumente tratamos a Doutrina Espírita como ciência e nos referimos ao conhecimento espírita como conhecimento científico, podemos buscar na ciência algumas reflexões, mesmo que de forma rápida e sintética.

Oliver Martin, assim como outros tantos autores de sua área, na sua obra *Sociología de las ciencias*, escreve que as ideias norteadoras dos pensadores sociológicos clássicos (Comte, Marx, Levy-Bruhl e Durkheim) não atribuem à Sociologia a capacidade de explicar a origem e validade das teorias científicas. É comum propor uma classificação das formas de conhecimento sem definir as fronteiras entre essas diferentes formas. Para esses pensadores, conforme Martin,

> [...] a definição de Ciência não surge da Sociologia e sim, com maior segurança, da Epistemologia. Todas admitem que o desenvolvimento da Ciência respeita uma lógica essencialmente racional, que os conhecimentos científicos evoluem de modo endógeno e que a validez de uma teoria é independente de sua origem social.[4]

Martin deixa claro que as discussões sobre o que seja verdadeiro ou falso, o que se entende por objetivo ou subjetivo, e o que se considera como ciência ou como não ciência, assim como tudo o mais que possa indicar algum relativismo em ciência, não tinha nem espaço, nem apoio até então.

Essa visão ingênua de ciência será abalada e começará a ser questionada em torno das décadas de 1920 e 1930, quando a ciência começa a ser encarada de outra forma, especialmente no processo de elaboração e de construção do conhecimento, bem como da

---

[4] MARTIN, Oliver. *Sociología de las ciencias*. 2003.

difusão do conhecimento científico e de como os cientistas se organizam e produzem conhecimento. Essa nova fase é personificada e demarcada por Robert Merton, sendo seguido por grande número de autores.

Até esse momento, os filósofos e epistemólogos concebiam ciência como resultado de procedimentos perfeitos, lógicos e universais que produziam conhecimentos objetivos. A atenção estava voltada para a narrativa de *como* se processavam as rotinas exitosas que resultavam no conhecimento científico, importando o método descritivo e o resultado final. Não havia espaço para motivações, crenças, valores, culturas e interesses, muito menos se considerava o fenômeno subjetivo da interpretação realizada pelo cientista, que é um indivíduo e um indivíduo contido em um grupo.

O surgimento da Sociologia do conhecimento científico inaugura a prática de considerar que o cientista, como indivíduo e como membro de grupos, está sujeito a interferência de suas crenças prévias e valores estabelecidos, e que esse conjunto de subjetividade interfere na interpretação dos dados, bem como na criação dos procedimentos experimentais que o cientista propõe. Não há mais espaço para a neutralidade da ciência e da comunidade científica. O conhecimento científico e a interpretação do fato observado são socialmente construídos e sofrem a ação de crenças, valores, cultura e interesses.

Sendo assim, o estudioso espírita não pode desconsiderar que as crenças anteriores, seus valores morais e seus interesses interferem no processo de interpretação dos textos e ideias espíritas, dando a estes um colorido pessoal que, se não observado com cuidado, pode permitir a repetição, agora no Movimento Espírita, dos fenômenos divergentes observados nas religiões tradicionais e na Igreja Nascente, conforme Alves e Durant trataram, respectivamente.

Frente a essas questões — que trouxemos à baila para ilustrar as possíveis dificuldades que o Movimento Espírita poderá encontrar se, desatento com os meios e com os fins, se permitir reproduzir a história de outros movimentos religiosos, desconsiderando a subjetividade humana que interfere na interpretação doutrinária —, devemos resgatar algumas posições de Allan Kardec sobre estes temas.

Sobre as divergências causadas por conta das diferentes interpretações pessoais, escreve, conforme encontramos em *Obras póstumas*:

> Uma questão que desde logo se apresenta é a dos cismas que poderão nascer no seio da Doutrina. Estará preservado deles o Espiritismo?
> Não, certamente, porque terá, sobretudo no começo, de lutar contra as ideias pessoais, sempre absolutas, tenazes, refratárias a se amalgamarem com as ideias dos demais; e contra a ambição dos que, a despeito de tudo, se empenham por ligar seus nomes a uma inovação qualquer; dos que criam novidades só para poderem dizer que não pensam ou agem como os outros, pois lhes sofre o amor-próprio por ocuparem uma posição secundária.[5]

Ao lembrar que o "Espiritismo não é compreendido da mesma forma por toda gente", Kardec se antecipa à grande discussão da construção social do conhecimento científico, pregando também o valor da homogeneidade dos grupos como fator preponderante para o sucesso da organização. Escreve ainda:

> A condição absoluta de vitalidade para toda reunião ou associação, qualquer que seja o seu objetivo, é a homogeneidade, isto é, a unidade de vistas, de princípios e de sentimentos, a tendência para um mesmo fim determinado, numa palavra: a comunhão de ideias. Todas as vezes que alguns homens se congregam em nome de uma ideia vaga jamais chegam a entender-se, porque cada um apreende essa ideia de maneira diferente. Toda reunião formada de elementos heterogêneos traz em si os germens da sua dissolução, porque se compõe de interesses divergentes, materiais, ou de amor-próprio, tendentes a fins diversos que se entrechocam e rarissimamente se mostram dispostos a fazer concessões ao interesse comum, ou mesmo à razão; que suportam a opinião da maioria, se outra coisa não lhes é possível, mas que nunca se aliam francamente.[6]

Sem sombra de dúvida, ao tratar da Constituição do Espiritismo, o codificador oferece desde antes pontos para nossa reflexão, a fim de que não nos deixemos envolver por questões capazes de desviar-nos

---

[5] KARDEC, Allan. *Obras póstumas*. Constituição do Espiritismo, it. II, Dos Cismas.
[6] Id. Ibid. It. VIII, Do programa das crenças.

da tarefa de construir um Movimento Espírita comprometido com a difusão da Boa-Nova.

***

Pensamos, pois, considerando as informações apresentadas, que as páginas que se seguem devem ser lidas e estudadas a fim de que melhor entendamos o que seja o Movimento Espírita, em geral, e como cada um de nós pode e deve contribuir, em especial. Assim procedendo, começamos a observar o Movimento Espírita como objeto de nossos estudos e de nossas reflexões.

Cabe ressaltar que muitas dessas mensagens são de antigos trabalhadores das lides espíritas que voltam para trocar conosco sobre o que fazemos no exercício da divulgação doutrinária. Foram publicadas em diversas obras e em tempos distintos. Lidas em conjunto, oferecem uma visão especial do tema e facultam a formação de opinião acerca do que seja o Movimento Espírita na visão dos Espíritos.

O Movimento Espírita brasileiro, formado por aqueles que se dizem espíritas e trabalham na difusão do pensamento espírita, cresceu 70% de acordo com os Censos Demográficos de 2000 e 2010,[7] passando de 1,4% a 2,0% da população brasileira, e já está a solicitar que ele — o Movimento Espírita — se transforme em objeto de estudo dos espíritas a fim de que, melhor entendido, possa cumprir suas reais finalidades na divulgação do Evangelho de Jesus sob a ótica espírita.

Que a leitura possa ser-nos útil nas escolhas que devemos fazer.

ALVARO CHRISPINO

---

[7] Nota do organizador: Veja apêndice ao final do volume.

1
Palavra aos Espíritas[8]

Espiritismo revivendo o Cristianismo — eis a nossa responsabilidade.

Como outrora Jesus revelou a verdade em amor, no seio das religiões bárbaras de dois mil anos atrás, usando a própria vida como espelho do ensinamento de que se fizera veículo, cabe agora ao Espiritismo confirmar-lhe o ministério divino, transfigurando-lhe as lições em serviço de aprimoramento da humanidade.

Espíritas!

Lembremo-nos de que templos numerosos, há muitos séculos, falam dele, efetuando porfiosa corrida ao poder humano, olvidando-lhe a abnegação e a humildade.

E porque não puderam acomodar-se aos imperativos do Evangelho, fascinados que se achavam pela posse da autoridade e do ouro, erigiram pedestais de intolerância para si mesmos.

---

[8] XAVIER, Francisco Cândido. *Religião dos espíritos*. 2014. Esta mensagem remete ao estudo da questão 798 de *O livro dos espíritos*.

Todavia, a intolerância é a matriz do fratricídio, e o fratricídio é a guerra de conquista em ação. E a lei da guerra de conquista é o império da rapina e do assalto, da insolência e do ódio, da violência e da crueldade, proscrevendo a honra e aniquilando a cultura, remunerando a astúcia e laureando o crime, acendendo fogueiras e semeando ruínas em rajadas de sangue e destruição.

Somos, assim, chamados à tarefa da restauração e da paz, sem que essa restauração signifique retorno aos mesmos erros e sem que essa paz traduza a inércia dos pântanos.

É imprescindível estudar educando e trabalhar construindo.

Não vos afasteis do Cristo de Deus, sob pena de converterdes o fenômeno em fator de vossa própria servidão às cidadelas da sombra, nem algemeis os punhos mentais ao cientificismo pretensioso.

Mantende o cérebro e o coração em sincronia de movimentos, mas não vos esqueçais de que o divino Mestre superou a aridez do raciocínio com a água viva do sentimento, a fim de que o mundo moral do homem não se transforme em pavoroso deserto.

Aprendamos do Cristo a mansidão vigilante.

Herdemos do Cristo a esperança operosa.

Imitemos do Cristo a caridade intemerata.

Tenhamos do Cristo o exemplo resoluto.

Saibamos preservar e defender a pureza e a simplicidade de nossos princípios.

Não basta a fé para vencer. É preciso que a fidelidade aos compromissos assumidos se nos instale por chama inextinguível na própria alma.

Nem conflitos estéreis.

Nem fanatismo dogmático.

Nem tronos de ouro.

Nem exotismos.

Nem perturbação fantasiada de grandeza intelectual.

Nem bajulação às conveniências do mundo.

Nem mensagens de terror.

Nem vaticínios mirabolantes.

Acima de tudo, cultuemos as bases codificadas por Allan Kardec, sob a chancela do Senhor, assinalando-nos as vidas renovadas, no rumo do Bem eterno.

O Espiritismo, desdobrando o Cristianismo, é claro como o Sol.

Não nos percamos em labirintos desnecessários, porquanto ao espírita não se permite a expectação da miopia mental.

Sigamos, pois, à frente, destemerosos e otimistas, seguros no dever e leais à própria consciência, na certeza de que o nome de Nosso Senhor Jesus Cristo está empenhado em nossas mãos.

EMMANUEL

2
O CENTRO ESPÍRITA[9]

O Centro de Espiritismo Evangélico, por mais humilde, é sempre santuário de renovação mental na direção da vida superior.

Nenhum de nós que serve, embora com a simples presença, a uma instituição dessa natureza deve esquecer a dignidade do encargo recebido e a elevação do sacerdócio que nos cabe.

Nesse sentido, é sempre lastimável duvidar da essência divina da nossa tarefa.

O ensejo de conhecer, iluminar, contribuir, criar e auxiliar, que uma organização nesses moldes nos faculta, procede invariavelmente de algum ato de amor ou de alguma sementeira de simpatia que nosso Espírito, ainda que não burilado, deixou a distância, no pretérito escuro que até agora não resgatamos de todo.

Um Centro Espírita é uma escola onde podemos aprender e ensinar, plantar o bem e recolher-lhe as graças, aprimorar-nos e aperfeiçoar os outros, na senda eterna.

---

[9] *Reformador*, jan. 1951, e republicado em *Reformador*, set. 1977. Página recebida pelo médium Francisco Cândido Xavier, em sessão pública no Centro Espírita Luiz Gonzaga, em Pedro Leopoldo (MG), na noite de 10.abr.1950. Mensagem publicada também no livro *Educandário de Luz*, Ed. IDEAL.

Quando se abrem as portas de um templo espírita cristão ou de um santuário doméstico, dedicado ao culto do Evangelho, uma luz divina acende-se nas trevas da ignorância humana e, através dos raios benfazejos desse astro de fraternidade e conhecimento, que brilha para o bem da comunidade, os homens que dele se avizinham, ainda que não desejem, caminham, sem perceber, para uma vida melhor.

Emmanuel

3
Exposição espírita[10]

Quanto mais se aperfeiçoam no mundo as normas técnicas da civilização, mais imperiosas se fazem as necessidades do intercâmbio. À vista disso, nos mecanismos da propaganda, em toda parte, os mostruários do bem e do mal se misturam, estabelecendo facilitários para a aquisição de sombra e luz. Nesse concerto de forças que se desabrocham nas praias da divulgação, em maré crescente de novidades ideológicas, através das ondas de violentas transformações, a Doutrina Espírita é o cais seguro do raciocínio, garantindo a alfândega da lógica destinada à triagem correta dos produtos do cérebro humano, com vistas ao proveito comum.

Daí a necessidade da exposição constante dos valores espíritas evangélicos, sem o ruído da indiscrição, mas sem o torpor do comodismo.

Serviço de sustentação do progresso renovador.

Quando puderes, auxilia esta iniciativa benemérita de preservação e salvamento.

---

[10] *Reformador*, ago. 1978. Página recebida pelo médium Francisco Cândido Xavier, em reunião pública da Comunhão Espírita Cristã, em Uberaba (MG), na noite de 27.maio.1968.

Ajuda a página espírita esclarecedora a transitar no veículo das circunstâncias, a caminho dos corações desocupados de fé, à maneira da semente bendita que o vento instala no solo devoluto e que amanhã se transformará em árvore benfeitora.

Ampara o livro espírita, em sua função de mentor da alma, na cátedra do silêncio.

Prestigie o templo espírita com o respeito e a presença, com o entendimento e a cooperação, valorizando-lhe cada vez mais a missão de escola para a Vida superior.

Como possas e quando possas, relaciona as bênçãos que já recebeste da Nova Revelação, reanimando e orientando os irmãos do caminho.

Disse-nos Jesus: "Não coloques a lâmpada sob o alqueire".

Podes e deves, assim, expor a tua ideia espírita, através da vitrina do exemplo e da palavra, na loja de sua própria vida para fazê-la brilhar.

EMMANUEL

4
UNIFICAÇÃO[11]

Quem não está comigo é contra mim; e quem comigo não ajunta, espalha.
Jesus[12]

... e haverá um só rebanho e um só Pastor.
Jesus[13]

Trabalhar pela unificação dos órgãos doutrinários do Espiritismo no Brasil é prestar relevante serviço à causa do Evangelho Redentor junto da humanidade. Reunir elementos dispersos, concatená-los e estruturar-lhes o plano de ação, na ordem superior que nos orienta o idealismo, é serviço de indiscutível benemerência porque demanda

---

[11] *Reformador*, out. 1977. Página recebida pelo médium Francisco Cândido Xavier, inserta nos Anais do 2º Congresso Espírita Mineiro, realizado de 3 a 5.out.1952, em Belo Horizonte (MG).
[12] LUCAS, 11:23.
[13] JOÃO, 10:16.

sacrifício pessoal, oração e vigilância na fé renovadora e, sobretudo, elevada capacidade de renunciação.

À maneira do trabalhador fiel que se desvela no amanho da terra, subtraindo-lhe os espinheiros e drenando-lhe os pantanais, cooperar na associação de energias da fraternidade legítima — com o Espírito do Senhor —, legislando em nosso mundo íntimo, representa obrigação de quantos se propõem a contribuir na reconstrução planetária, a caminho da terra regenerada e feliz.

Trabalhemos, pois, entrelaçando pensamentos e ações, dentro dessas diretrizes superiores de confraternização substancial. A tarefa é complexa, bem o sabemos. O ministério exige lealdade e decisão. Todavia, sem o suor do servo fiel, a casa pereceria sem pão.

Lembremo-nos de que a vitória do Evangelho, ainda não alcançada, começou com a congregação de 12 aprendizes, humildes e sinceros, em torno de um Mestre sábio, paciente, generoso e justo, e continuemos, cada qual de nós, no posto de trabalho que nos compete, atentos às determinações divinas da execução do próprio dever.

EMMANUEL

5
PRIORIDADES[14]

Meu irmão:

Jesus te abençoe e te conceda luz e paz.

Teus amigos de muitos séculos rejubilam-se com a decisão de teu espírito convertido ao Evangelho do divino Mestre, no setor das realizações espirituais. Tua alma, meu caro amigo, iluminada nos recessos mais íntimos pela claridade superior experimenta o êxtase daqueles que suspiraram de dor, longo tempo, a distância do Sol. Quebrou-se a porta do cárcere, Jaks, e vês, presentemente, a radiosa alegria do monte, sequioso de sorver o orvalho divino das verdades eternas. É por isso que tua mente se embriaga de esperança e, muita vez, de ansiedade por executar prontamente os deveres que te cabem, conquistando os cumes. Tem calma e serenidade, contudo. É preciso semear, tranquilamente, para que a messe seja de fato o celeiro de todos no futuro próximo e remoto. Continua distribuindo a boa semente com alegria, convencido, porém, de que existem

---

[14] *Reformador*, maio 1974. Página recebida pelo médium Francisco Cândido Xavier, em Pedro Leopoldo (MG), na noite de 25.jan.1946 e transcrito de *A centelha* de maio de 1946, p. 37-38.

problemas de longo tempo por serem questões de longo alcance para a espiritualidade. O que é anseio incontido no teu coração de semeador é também saudade do grande Lar onde nos reuniremos todos, um dia, nos tempos que virão. Por agora pois, meu amigo, se temos algo de novo a oferecer-te em matéria de orientação, apenas te pedimos bastante serenidade na continuação de teu apostolado na verdade e no bem.

Quanto à pergunta direta que formulas sobre a conveniência da construção de uma instituição beneficente em Pedro Leopoldo, devo dizer-te que a realização é fácil, mas prejudicial sob o ponto de vista dos interesses do espírito.

É que qualquer instituto de benefícios materiais, no momento, viria modificar os programas da usina de energia espiritual que se instalou aqui com grandes dificuldades. Se houvesse necessidade premente, paralisaríamos o serviço da luz para atender exclusivamente ao serviço do pão, mas em verdade não faltam institutos socorristas próximos, a recepção de trabalho para o livro espiritista demanda circunstâncias especiais de simplicidade e, mais que nunca, sem qualquer presunção de nossa parte, necessitamos difundir conhecimentos básicos para o serviço coletivo de preparação mental no Evangelho.

Se instalássemos, de pronto, instituto dessa natureza na cidade, humilde ou suntuoso, num movimento louvável e justo de caridade, provocaríamos grande e contínua concentração de peregrinos, talvez mais da curiosidade científica menos construtiva que da necessidade em seu próprio sentido. As preocupações e exigências, nas responsabilidades imediatas, perturbariam de algum modo o serviço que se vem fazendo para todos e provavelmente teríamos um círculo particularista em Pedro Leopoldo, atento a mil e uma obrigações sociais, excluindo a possibilidade da iluminação coletiva.

Não somos infensos à realização, todavia, não agora. O momento é delicado e precisamos colaborar para que a obra não se faça insustentável.

Constitui-nos um dever semelhante cooperação, de vez que o trabalho é da comunidade do Espiritismo Cristão no Brasil. Esperemos, pois, a passagem do tempo e aguardemos ensejo mais justo.

Não obstante, poderás colaborar conosco enviando-nos, como sempre fazes, "poder" e "energia", com as tuas preces e vibrações benéficas. Nossa usina não pode dispensar semelhante concurso.

Atende aos nossos trabalhos imediatos em Campos, sempre que te for possível. Existe lá uma realização simpática esperando colaboradores, o Lar dos Meninos.

Peço-te cooperação para ela. É serviço de inestimável valor para a Escola Jesus Cristo.

Quanto aos teus familiares, dá a todos eles o que Jesus te recomenda... Amor e sacrifício, proteção e carinho.

É o que te pode lembrar, de momento, o amigo e servo humilde.

EMMANUEL

6
DIVULGAÇÃO ESPÍRITA[15]

Filhos, o Senhor nos abençoe.

Efetivamente, as vossas responsabilidades no plano terrestre vos concitam ao trabalho árduo no que se refere à implantação das ideias libertadoras da Doutrina Espírita, que fomos trazidos a servir. Em verdade, nós outros, os amigos desencarnados, até certo ponto, nos erigimos em companheiros da inspiração, mas as realidades objetivas são vossas, enquanto desfrutardes as prerrogativas da encarnação.

Compreendamos, assim, que a vossa tarefa na divulgação do Espiritismo é ação gigantesca, de que vos não será lícito retirar a atenção.

Nesse aspecto do assunto, urge considerarmos o impositivo da distribuição equitativa e plena dos valores espirituais, tanto quanto possível, a benefício de todos.

---

[15] *Reformador*, abr. 1977. Comunicação recebida pelo médium Francisco Cândido Xavier, em 6.dez.1969.

Devotemo-nos à cúpula, de vez que, em qualquer edificação, o teto é a garantia da obra, no entanto, é forçoso recordar que a edificação é de serventia ou deve servir à vivência de quantos integram no lar a composição doméstica. Em Doutrina Espírita, encontramos na Terra toda por lar de nossas realizações comunitárias e, por isso mesmo, a cúpula das ideias é conclamada a exercer posição de cobertura generosa e benéfica, em auxílio da coletividade.

Não vos isoleis em quaisquer pontos de vista, sejam eles quais forem.

Estudai todos os temas da humanidade e ajustai-vos ao progresso, cujo carro prossegue em marcha irreversível.

Observai tudo e selecionai os ingredientes que vos pareçam necessários ao bem geral. Nem segregação na cultura acadêmica, nem reclusão nas afirmativas do sentimento.

Vivemos um grande minuto na existência planetária, no qual a civilização, para sobreviver, há de alçar o coração ao nível do cérebro e controlar o cérebro, de tal modo que o coração não seja sufocado pelas aventuras da inteligência.

Equilíbrio e justiça. Harmonia e compreensão.

Nesse sentido, saibamos orientar a palavra espírita no rumo do entendimento fraternal.

Todos necessitamos de sua luz renovadora.

Imperioso, desse modo, saber conduzi-la, através das tempestades que sacodem o mundo de hoje, em todos os distritos da opinião.

Congreguemos todos os companheiros na mesma formação de trabalho, conquanto se nos faça imprescindível a sustentação de cada um no encargo que lhe compete.

Nenhuma inclinação à desordem, a pretexto de manter coesão, e nenhum endosso à violência sob a desculpa de progresso.

Todos precisamos penetrar no conhecimento da responsabilidade de viver e sentir, pensar e fazer.

Os melhores necessitam do Espiritismo para não perderem o próprio gabarito nos domínios da elevação; os companheiros da retaguarda evolutiva necessitam dele para se altearem de condição. Os felizes reclamam-lhe o amparo, a fim de não se desmandarem nas facilidades que transitoriamente lhes enfeitam as horas, e os menos felizes pedem-lhe o socorro, a fim de se apoiarem na certeza do futuro melhor; os mais jovens solicitam-lhe os avisos para se organizarem perante a experiência que lhes acena ao porvir, e os companheiros amadurecidos na idade física esperam-lhe o auxílio para suportar com denodo e proveito as lições que o mundo lhes reserva na hora crepuscular.

Assim sendo, tendes convosco todo um mundo de realizações a mentalizar, preparar, levantar, construir.

Não nos iludamos. Hoje dispondes da ação, no corpo que envergais; amanhã seremos nós, os amigos desencarnados, que vos substituiremos na arena de serviço.

A nossa interdependência é total.

E, ante nossa própria imortalidade, estejamos convencidos de que voltaremos sempre à retaguarda para corrigirmos, retificando os erros que tenhamos, acaso, perpetrado.

Mantenhamo-nos, por isso, vigilantes.

Jesus na Revelação e Kardec no Esclarecimento resumem para nós códigos numerosos de orientação e conduta.

Estamos ainda muito longe de qualquer superação, à frente de um e outro, porque, realmente, os objetivos essenciais do Evangelho e da Codificação exigem ainda muito esforço de nossa parte para serem, por fim, atingidos.

Finalizando, reflitamos que sem comunicação não teremos caminho.

Examinemos e estudemos todos os ensinos da Verdade, aprendendo a criar estradas espirituais de uns para os outros. Estradas que se pavimentam na compreensão de nossas necessidades e problemas em comum, a fim de que todas as nossas indagações e questões sejam solucionadas com eficiência e segurança.

Sem intercâmbio, não evoluiremos; sem debate, a lição mora estanque no poço da inexperiência, até que o tempo lhe imponha a renovação. Trabalhemos servindo e sirvamos estudando e aprendendo. E guardemos a convicção de que, na bênção do Senhor, estamos e estaremos todos reunidos uns com os outros, hoje quanto amanhã, agora como sempre.

BEZERRA DE MENEZES

7
Palavras de um batalhador[16]

> *No encerramento de nossas tarefas, na reunião da noite de 29 de abril de 1954, fomos agradavelmente surpreendidos com a visita do Professor Cícero Pereira, que foi valoroso batalhador do Espiritismo, em Minas Gerais, onde é vastamente conhecido e carinhosamente lembrado por sua grande bagagem de serviço, como presidente da União Espírita Mineira, sediada em Belo Horizonte, e como devotado irmão de todos os companheiros de nossa Causa. Aqui consignamos a valiosa mensagem psicofônica que nos deixou.*

Meus amigos, peçamos, antes de tudo, a Nosso Senhor Jesus Cristo nos ampare o trabalho.

Não pude furtar-me à alegria de visitá-los, ainda mesmo de escantilhão.

Grande é a nossa esperança, observando a plantação de luz a que se devotam.

---

[16] XAVIER, Francisco Cândido. *Instruções psicofônicas*. 2013.

Além disso, não posso esquecer que tenho aqui bons amigos, a começar pelo nosso Rocha.[17]

Meus caros, a surpresa dos espíritas, depois do túmulo, chega a ser incomensurável, porque frequentemente mobilizamos os valores de nossa fé com a pretensão de quem se julga escolhido à frente do Senhor.

Aguardamos, para além da morte, uma felicidade que nem de longe, no mundo, cogitamos construir.

Somos aprendizes novos do Evangelho.

Isso é verdade.

Mas estamos sempre interessados em conduzir ao Cristo os nossos problemas, completamente despreocupados quanto aos problemas do Cristo, a nosso respeito.

Buscamos nossa própria imagem no espelho da Graça divina. Somos velhos Narcisos encarcerados na própria ilusão.

E admitimos que não há dores maiores que as nossas, e que as nossas necessidades superam as necessidades dos outros.

Por esse motivo, o tempo estreito de permanência no corpo carnal apenas nos favorece, na maioria das vezes, mais densa petrificação de egoísmo, na concha de nossa antiga vaidade.

Somos leitores de livros admiráveis. Comovemo-nos e choramos ante os valores iluminativos com que somos agraciados, entretanto, depois do contato com o pensamento sublime de nossos orientadores, eis-nos arrojados ao esquecimento de todos os dias, como se padecêssemos irremediável amnésia diante de tudo o que se refira às nossas obrigações para com Jesus.

Em nossas casas doutrinárias, intensificamos disputas em torno da direção humana, magnetizados pelos aspectos menos dignos da luta que fomos chamados a desenvolver e, muitas vezes, no intercâmbio com os nossos irmãos tresmalhados na sombra, martelamos preciosas lições de caridade e fé viva, compreensão e tolerância, olvidando que os chamados "Espíritos sofredores", em muitas ocasiões, são trazidos até nós por vanguardeiros da Luz divina, interessados em nossa renovação, enquanto há "melhor tempo".

---

[17] Nota do organizador da obra original: Reporta-se o visitante espiritual ao nosso companheiro Geraldo Benício Rocha, de quem foi amigo íntimo.

Ai de nós, porém!...

Dos conflitos inadequados em nossos templos de fé, somente recolhemos frutos amargos, e das mensagens pontilhadas de aflição, que guardam o objetivo de reabilitar-nos para o Senhor, apenas retiramos impressões negativas, de vez que nos movimentamos no círculo de nossas responsabilidades, crendo-nos na condição de cooperadores vitoriosos, quando, no fundo, perante os Benfeitores da Espiritualidade Superior, somos simplesmente companheiros em perigo, com imensas dificuldades para satisfazer ao próprio reajuste.

Estejam vocês convencidos de que, para nós, os espíritos desencarnados, há uma tarefa espantosa, com a qual não contávamos.

Por mais estranho nos pareça, somos geralmente situados em serviços de orientação, junto dos companheiros que ficaram.

Espíritas com espíritas, como irmãos enlaçados no mesmo dever a cumprir.

Alijados do corpo, contudo, é que vemos quão difícil se faz o concurso eficiente aos corações cerrados à luz e quão sacrificial se nos revela o socorro a doentes que não se interessam pela própria cura!

Identificamos, então, o princípio de correspondência. Colocados na posição daqueles que anteriormente nos dirigiam, reconhecemos quanta impermeabilidade oferecíamos, no mundo, aos que nos acompanhavam abnegadamente de perto.

Tão logo descerrei os olhos, ante o esplendor da verdade, encontrei nosso velho amigo Senra,[18] notificando-me, bem-humorado:

— Cícero, agora é o seu tempo de experimentar o novo trabalho que vive em nossas mãos...

E, desde essa hora, eu que retinha a veleidade de condutor, embora a insipiência do aprendiz de Evangelho que ainda sou, comecei a entender alguma coisa do serviço gigantesco que nos compete impulsionar para a frente.

Afeiçoados à nova máquina de ação, sofremos o cuidado de não trair a harmonia.

Porque é preciso equilibrar nossos passos a fim de orientar com segurança os passos alheios, disciplinar-nos dentro das

---

[18] Nota do organizador da obra original: Refere-se o comunicante ao Dr. Ernesto Senra, antigo lidador do Espiritismo, em Minas Gerais, desde muito desencarnado.

responsabilidades que abraçamos para não ameaçar o trabalho daqueles que nos cercam.

Ouvir mais.

Fazer mais.

E falar menos.

Difícil é suportar na cabeça o título de servidor da Boa-Nova, que, entre os homens, pode ser uma palma florida, mas que se converte aqui em coroa de fogo, tal a preocupação com que nos cabe aprender a auxiliar e a renunciar para que o carro de nossos princípios avance sobre os trilhos da ordem.

Registrando-nos a experiência, esperamos que vocês venham mais tarde para cá movimentando melhores recursos.

Reconheço que há muito ainda a dizer.

Entretanto, o horário está a esgotar-se.

Conosco, temos outros irmãos que lhes deixam afetuosa visita.

Nossos amigos Hanriot, Mata Simplício e ainda o nosso Efigênio[19] partilham-nos a oração.

Todos agora padecemos o mesmo mal — o inquietante privilégio de colaborar numa realização, cuja magnitude efetivamente nos esmaga.

Façamos o melhor de nossa parte, na convicção de que o Senhor não nos desampara.

E, agradecendo a satisfação desta hora, deixo aos queridos companheiros o meu coração reconhecido.

CÍCERO PEREIRA

---

[19] Nota do organizador da obra original: Reporta-se o visitante a companheiros espíritas de Belo Horizonte já desencarnados.

8
ORANDO E VIGIANDO[20]

Na fase de tempo consagrada às instruções, em nossa reunião da noite de 26 de maio de 1955, a transfiguração do médium era mais sensível.

A breves momentos, soou, reconfortante e bem timbrada, a palavra do mentor que nos visitava. Esse amigo era o Dr. Guillon Ribeiro, aquele digno orientador de nossa Causa, no Brasil, que, por muitos anos, foi o venerável presidente da Federação Espírita Brasileira, e cujo devotamento à nossa Doutrina prescinde das nossas referências.

Sua palavra, na rápida passagem por nosso recinto, constitui elevada exortação ao desempenho dos deveres cristãos que nos cabem no Espiritismo, compelindo-nos a pensar mais detidamente na extensão de nossos compromissos.

Esclarecemos que esta é a primeira comunicação do Dr. Gulllon Ribeiro, quer psicográfica ou psicofonicamente, através das faculdades do médium Xavier.

Grande foi, portanto, a nossa alegria em lhe recebendo a mensagem direta e agradecemos reconhecidamente a Jesus semelhante contato.

---

[20] XAVIER, Francisco Cândido. *Instruções psicofônicas*. 2013.

Meus irmãos, glorificada seja a vontade de Nosso Pai celestial.

Humilde companheiro vosso, incorporado à caravana dos obreiros de boa-vontade, não por méritos que nos falham, mas sim por havermos recebido "acréscimo de misericórdia" que a infinita bondade do Senhor jamais recusa ao Espírito desperto para as necessidades da própria regeneração, associamo-nos, hoje, às vossas orações e tarefas, deprecando as bênçãos de Jesus em nosso benefício a fim de que não nos faleçam a energia e o bom ânimo na empresa de socorro aos nossos irmãos que se brutalizaram depois da morte ou que, além dela, se fizeram infortunados seareiros do egoísmo e da crueldade, da violência e do ódio.

Ah! meus amigos, quantos legionários da nossa Grande Causa, para gáudio da sombra geradora da discórdia, na hora grave que atravessamos, adormecem à margem dos compromissos assumidos, embriagados no ópio da indiferença, cegos para a missão do Espiritismo como o Paracleto que nos foi prometido pelo Cristo de Deus, surdos para com a realidade que lhes brada emocionantes apelos ao trabalho do Evangelho, ou hipnotizados nas contendas antifraternas em que malbaratam os recursos que o Senhor nos empresta, convertendo-se, levianamente, na instrumentalidade viva da negação e das trevas!

Crendo brunir a elucidação doutrinária, traçam inextricáveis labirintos para as almas ainda inseguras de si e que se nos abeiram do manancial de consolações preciosas; e, supondo cultuar a verdade, apenas extravagam na retórica infeliz de quantos se anulam sob os narcóticos da vaidade, transformando a água viva da fé que lhes jorrava dos corações em fel envenenado de loucura e perturbação para si mesmos ou caindo sob os golpes desapiedados de nossos infelizes companheiros do passado, a nos acenarem de outras reencarnações e de outras eras.

Eis por que rogamos ao Senhor nos conserve naquela oração e naquela vigilância que exprimem o trabalho digno e a ardente caridade com que devemos honrar o altar de luta em que fomos chamados a servi-lo.

Crede que o Espiritismo é o restaurador do Cristianismo em sua primitiva e gloriosa pureza e que os espíritas sinceros são, por excelência, na atualidade, os cristãos mais diretamente responsáveis pela substancialização dos ensinamentos que o nosso divino Mestre legou à humanidade.

Procuremos, por isso, o nosso lugar de aprendizes e servidores e, compreendendo o valor da oportunidade e do tempo, ofereçamos nossas vidas à cristianização das consciências, começando por nós mesmos, suplicando ao pulcro Espírito de Nossa Mãe Santíssima nos ilumine a estrada para o aprisco do divino Pastor.

Acordados, assim, para as obrigações a que nos entrosamos na obra de luz e amor, louvemos a bondade de Nosso Pai Celestial para sempre.

GUILLON RIBEIRO

9
No campo espírita[21]

> Pascoal Comanducci foi abnegado companheiro da tarefa espírita em Belo Horizonte.
> Médium devotado ao bem, trabalhou quanto lhe foi possível em benefício dos semelhantes. Desencarnado há alguns anos, na capital mineira, foi ele o amigo espiritual que nos visitou no horário reservado às instruções, em nossa reunião da noite de 10 de fevereiro de 1955, encorajando-nos e alertando-nos na mensagem que vamos ler.

Amigos, Jesus nos ampare.
Em verdade, partilhamos no Espiritismo os júbilos de uma festa.
Assemelhamo-nos a convivas privilegiados num banquete de luz.
Tudo claro.
Tudo sublime.
No entanto, ninguém se iluda.
Não somos trazidos à exaltação da gula.
Fomos chamados a trabalhar.
A Terra de agora é a Terra de milênios.

---
[21] XAVIER, Francisco Cândido. *Instruções psicofônicas*. 2013.

E somos, por nossa vez, os mesmos protagonistas do drama evolutivo.

Remanescentes da animalidade e da sombra...

Ossuários na retaguarda, campos de luta no presente...

Meta luminosa por atingir no futuro distante.

Somos almas transitando em roupagens diversas.

Cada criatura renasce no planeta vinculada às teias do pretérito.

Problemas da vida espiritual são filtrados no berço.

E, por isso, na carne, somos cercados por escuros enigmas do destino.

Obsessões renascentes.

Moléstias congeniais.

Dificuldades e inibições.

Ignorância e miséria.

Em todos os escaninhos da estrada, o serviço a desafiar-nos.

Cristo em nós, reclamando-nos o esforço.

A renovação mental rogando a renovação da existência.

O Evangelho insistindo por expressar-se.

Mas, quase sempre, esposamos a fantasia.

Cegos, ante a Revelação divina, suspiramos por facilidades.

E exigimos consolações e vantagens, doações e favores.

Suplicamos intercessões indébitas.

Requisitamos bênçãos imerecidas.

Nossa Doutrina, porém, é um templo para o coração, uma escola para o cérebro e uma oficina para os braços.

Ninguém se engane.

Não basta predicar.

Não vale fugir aos problemas da elevação.

Muitos possuem demasiada ciência, mas ciência sem bondade.

Outros guardam a bondade consigo, mas bondade sem instrução.

No trabalho, porém, que é de todos, todos devemos permutar os valores do concurso fraterno para que o Espiritismo alcance os seus fins.

Precisamos da coragem de subir para aprender.

Necessitamos da coragem de descer dignamente para ensinar.

Caridade de uns para com os outros.

Compreensão incansável e auxílio mútuo.

Em nossos lares de fé, lamentamos as aflitivas questões que surgem...

As rogativas extravagantes, exibindo mazelas morais.

As frustrações domésticas.

Os desequilíbrios da treva.

Os insucessos da luta material.

As calamidades do sentimento.

As escabrosas petições.

E proclamamos com azedia que semelhantes assuntos não constituem temas espíritas.

Realmente, temas espíritas não são.

Mas são casos para a caridade do Espiritismo e de nós outros que lhe recolhemos a luz.

Problemas que nos solicitam a medicina espiritual preventiva contra a epidemia da obsessão.

Mais vale atender ao doente antes da crise mortal que socorrê-lo em nome do bem quando o ensejo da cura já passou.

Em razão disso, o trabalho para nós é desafio constante. Trabalho que não devemos transferir a companheiros da vida espiritual, algumas vezes mais necessitados de luz do que nós mesmos.

O serviço de amparo moral ao próximo é das nossas mais preciosas oportunidades de comunhão com Jesus, nosso Mestre e Senhor, porque, comumente, uma boa conversação extingue o incêndio da angústia.

Um simples entendimento pode ajudar muitas vidas. No reino da compreensão e da amizade, uma prece, uma frase, um pensamento, conseguem fazer muito.

Quem ora auxilia além do corpo físico.

Ao poder da oração, entra o homem na faixa de amor dos anjos.

Mas, se em nome do Espiritismo relegamos ao mundo espiritual qualquer petição que aparece, somos servidores inconscientes, barateando o patrimônio sagrado, transformando-nos em instrumentos da sombra, quando somente à luz nos cabe reverenciar e servir.

Também fui médium, embriagado nas surpresas do intercâmbio.

Deslumbrado, nem sempre estive desperto para o justo entendimento.

Por esse motivo, ainda sofro o assédio dos problemas que deixei insolúveis nas mãos dos companheiros que me buscavam solícitos.

Ajudemos a consciência que nos procura, na procura do Cristo.

Só Jesus é bastante amoroso e bastante sábio para solucionar os nossos enigmas.

Formemos, assim, pequenas equipes de boa vontade em nossos templos de serviço, amparando-nos uns aos outros e esclarecendo-nos mutuamente.

Assim como nos preocupamos no auxílio às crianças e aos velhos, aos famintos e aos nus, não nos esqueçamos do irmão desorientado que a guerra da treva expia.

Doemos, em nome do Espiritismo, a esmola do coração e do cérebro, no socorro à mente enfermiça, porque se é grande a caridade que satisfaz aos requisitos do corpo em trânsito ligeiro, divina é a caridade que socorre o Espírito, infatigável romeiro da vida eterna.

Pascoal Comanducci

10
EM MARCHA[22]

> *No encerramento das nossas atividades, na noite de 22 de julho de 1954, fomos brindados com a presença do Espírito do Dr. Geminiano Brazil de Oliveira Góis, notável e digno advogado e político sergipano, desencarnado no Rio de Janeiro, em 1904, que, em se consagrando ao Espiritismo, testemunhou a sua fé sem hesitações, transformando-se em valoroso lidador do Cristo, a serviço da humanidade.*
> *A mensagem psicofônica que nos deixou é uma bela advertência aos Espíritos encarnados, notadamente a nós, os espiritistas, convidando-nos a considerar o valor do tempo em nossa romagem terrena, para que nos situemos em melhores condições no plano espiritual.*

É justo não esquecermos que ainda somos seres em crescimento evolutivo, para retirarmos do tempo os valores e as vantagens imprescindíveis à nossa ascensão.

A romagem no campo físico é a vida espiritual noutro modo de ser, tanto quanto a luta aquém da morte é a continuação do aprendizado terrestre numa expressão diferente.

---

[22] XAVIER, Francisco Cândido. *Instruções psicofônicas.* 2013.

Analisando a imensidade infinita dos mundos, agrupamo-nos na Terra em singela faixa vibratória, assim como determinada coletividade de pássaros da mesma condição se congrega num trecho de floresta, ou como certa família de rãs, a reunir-se no fundo do mesmo poço.

Condicionados pelo nosso progresso reduzido, não assinalamos da gloriosa vida que nos cerca senão ínfima parte, adstritos que nos achamos às estreitas percepções do padrão sensorial que nos é próprio.

Com o corpo de carne, somos tarefeiros do mundo, matriculados na escola da experiência predominantemente objetiva, desfrutando um instrumento precioso, qual seja o veículo denso, em que o cérebro, com todos os implementos das redes nervosas, pode ser comparado a um aparelho radiofônico de emissão e recepção, funcionando no tipo de onda inferior ou superior a que nos ajustamos, e em que os olhos, os ouvidos, a língua, as mãos e os pés representam acessórios de trabalho, subordinados ao comando da mente.

Além da morte, sem o vaso carnal, ainda somos tarefeiros do mundo, fichados no educandário da experiência predominantemente subjetiva, registrando os resultados das ações boas ou más que nos decidimos a mentalizar e estender.

Aprisionando-nos à carne ou libertando-nos dela, nascendo, morrendo, ressurgindo ao esplendor da imortalidade ou reaparecendo na sombra do planeta, segundo a conceituação humana, vivemos em marcha incessante para os arquétipos que a eternidade nos traçou e que nos cabe atingir.

Vós, que tendes encontrado em nossa companhia tantos problemas dolorosos de fixação mental nos Espíritos conturbados e sofredores, considerai conosco a importância do dia que foge.

Temos da vida tão somente aquilo que recolhemos das horas.

O tempo é a sublimação do santo, a beleza do herói, a grandeza do sábio, a crueldade do malfeitor, a angústia do penitente e a provação do companheiro que preferiu acomodar-se com as trevas.

Dele surgem o céu para o coração feliz do bom trabalhador e o inferno para a consciência intranquila do servidor infiel.

Façamos de nossa tarefa, qualquer que ela seja, um cântico de louvor ao trabalho, à fraternidade e ao estudo.

Sirvamos, amemos e aprendamos!

Dilatemos o horizonte de nossa compreensão, arejando nossas almas e filtrando apenas a luz para que a luz nos favoreça.

E quanto a vós, em particular, vós que ainda detendes a valiosa oportunidade de contacto com o indumento físico, evitai, ainda hoje, a ingestão do mal, para não digerirdes lodo e fel amanhã.

GEMINIANO BRAZIL

11
Um irmão de regresso[23]

Os ensinamentos por nós recolhidos na reunião da noite de 7 de outubro de 1954 constituem, a nosso ver, informações de grande interesse para todos os companheiros que militam no socorro aos desencarnados.

O mensageiro espiritual que nos visitou foi o nosso confrade Efigênio S. Vitor, antigo trabalhador do Espiritismo em Belo Horizonte, onde, por largos anos, emprestou as melhores forças à Doutrina que nos reconforta.

Sua palestra psicofônica demonstra com detalhes a carinhosa atenção prodigalizada por nossos benfeitores espirituais aos nossos agrupamentos doutrinários, porquanto o que se dá, em nossa agremiação simples e sincera, acontece em todas as Casas Espíritas onde o escopo essencial seja o serviço ao próximo, sob o amparo de nosso divino Mestre.

Leiamos-lhe a mensagem consoladora e instrutiva.

Espírita militante que fui, muitas vezes, dirigindo sessões mediúnicas, desejei que algum dos companheiros desencarnados me trouxesse

---
[23] XAVIER, Francisco Cândido. *Instruções psicofônicas*. 2013.

notícias do Além, tão precisas e claras quanto possível, a começar do ambiente das reuniões que eu presidia ou das quais partilhava.

Desembaraçado agora do corpo físico, não obstante carregar ainda muitas velhas imperfeições morais, tentarei comentar nossa paisagem de serviço, no intuito de fortalecê-los, na edificação que fomos chamados a levantar.

Como não ignoram, operamos aqui em bases de matéria noutra modalidade vibratória.

Por mercê de Deus, possuímos nossa sede de trabalho em cidade espiritual que se localiza nas regiões superiores da Terra ou, mais propriamente, nas regiões inferiores do Céu.

Gradativamente, a humanidade compreenderá, com dados científicos e positivos, que há no planeta outras faixas de vida.

E assim como existe, por exemplo, para o serviço humano o solo formado de argila, areia, calcário e elementos orgânicos, temos para as nossas atividades o solo etéreo, em esfera mais elevada, com as suas propriedades químicas especiais e obedecendo a leis de plasticidade e densidade características.

É de lá, de onde se erguem organizações mais nobres para a sublimação do espírito e onde a natureza estua em manifestações mais amplas de sabedoria e grandeza, que tornamos ao convívio de nossos irmãos encarnados para a continuação da tarefa que abraçamos no mundo.

Satisfazendo, porém, ao nosso objetivo essencial, aproveitaremos os minutos de que dispomos para falar-lhes, de algum modo, acerca da tela de nossas atividades.

Qual ocorre aos demais santuários de nossa fé, orientados pelo devotamento ao bem, junto aos quais o plano superior mantém operosas e abnegadas equipes de assistência, nossa Casa, consagrada à Espiritualidade, é hoje um pequeno mas expressivo posto de auxílio, erigido à feição de pronto-socorro.

Com a supervisão e cooperação de vasto corpo de colaboradores em que se integram médicos e religiosos, inclusive sacerdotes católicos, ministros evangélicos e médiuns espíritas já desencarnados, além de magnetizadores, enfermeiros, guardas e padioleiros, temos aqui diversificadas tarefas de natureza permanente.

Nossa reunião está garantida por três faixas magnéticas protetoras.

A primeira guarda a assembleia constituída e aqueles desencarnados que se lhes conjugam à tarefa da noite.

A segunda faixa encerra um círculo maior, no qual se aglomeram algumas dezenas de companheiros daqui, ainda em posição de necessidade, à cata de socorro e esclarecimento.

A terceira, mais vasta, circunda o edifício, com a vigilância de sentinelas eficientes, porque, além dela, temos uma turba compacta — a turba dos irmãos que ainda não podem partilhar, de maneira mais íntima, o nosso esforço no aprendizado evangélico. Essa multidão assemelha-se à que vemos, frequentemente, diante dos templos católicos, espíritas ou protestantes com incapacidade provisória de participação no culto da fé.

Bem junto da direção de nossas atividades, está reunida grande parte da equipe de funcionários espirituais que nos preservam as linhas magnéticas defensivas.

À frente da mesa orientadora, congregam-se os companheiros em luta a que nos referimos.

E em contraposição com a porta de acesso ao recinto, dispomos em ação de dois gabinetes, com leitos de socorro, nos quais se alonga o serviço assistencial.

Entre os dois, instala-se grande rede eletrônica de contenção, destinada ao amparo e controle dos desencarnados rebeldes ou recalcitrantes, rede essa que é um exemplar das muitas que, da vida espiritual, inspiraram a medicina moderna no tratamento pelo electrochoque.

E assim se organiza nossa Casa para desenvolver a obra fraterna em que se empenha, a favor dos companheiros que não encontraram, depois da morte, senão as suas próprias perturbações.

Assinalando, de maneira fugacíssima, o setor de nossa movimentação, devemos recordar que, acima da crosta terrestre comum, temos uma cinta atmosférica que classificamos por "cinta densa", com a profundidade aproximada de 50 quilômetros, e, além dela, possuímos a "cinta leve", com a profundidade aproximada de 950 quilômetros, somando 1.000 quilômetros acima da esfera em que vocês presentemente respiram.

Nesse grande mundo aéreo, encontramos múltiplos exemplares de almas desencarnadas, junto de variadas espécies de criaturas sub-humanas, em desenvolvimento mental no rumo da humanidade.

Milhões de Espíritos alimentam-se da atmosfera terrestre, demorando-se, por vezes, muito tempo, na contemplação íntima de suas próprias visões e criações, nas quais habitualmente se imobilizam, à maneira da alga marinha que nutre a si mesma, absorvendo os princípios do mar.

***

Meus amigos, para o espírita a surpresa da desencarnação pode ser muito grande, porque Além-túmulo continuamos nas criações mentais que nos inspiravam a existência do mundo.

O Espiritismo é uma concessão nova do Senhor à nossa evolução multimilenária.

Surpreendemos em nossa Doutrina vastíssimo campo de libertação, mas também de responsabilidade profunda, e o maior trabalho que nos compete efetuar é o de nosso próprio burilamento interior, para que não estejamos vagueando nas trevas das horas inúteis, pois somente aqueles que demandam a morte, sustentando maiores valores de aperfeiçoamento próprio, é que se ajustam sem sacrifício à própria elevação.

Reportando-nos à experiência religiosa, poucos padres aqui continuam padres, poucos pastores prosseguem pastores e raros médiuns de nossas formações doutrinárias continuam médiuns, porquanto os títulos de serviço na Terra envolvem deveres de realização dos quais quase sempre vivemos em fuga pelo vício de pretender a santificação do vizinho, antes de nossa própria melhoria, em nos referindo à construção moral da virtude.

A morte é simplesmente um passo além da experiência física, simplesmente um passo.

Nada de deslumbramento espetacular, nada de transformação imediata, nada de milagre e, sim, nós mesmos, com as nossas deficiências e defecções, esperanças e sonhos.

Por isso, propunha-me a falar-lhes, de algum modo, nesta primeira visita psicofônica, do compromisso que assumimos, aceitando a nossa fé pura e livre... Porque, num movimento renovador tão grande, tão iluminativo e tão reconfortante quanto o nosso, é muito fácil começar, muito difícil prosseguir e, apenas em circunstâncias muito raras, somos capazes de conquistar a coroa da vitória para a tarefa que encetamos.

Somos espíritas encarnados e desencarnados.

À nossa frente, desdobra-se a vida — a vida que precisamos compreender com mais largueza de pensamento, com mais altura de ideal e com mais sadio interesse no estudo e na prática da Doutrina que vale em nossa peregrinação por sublime empréstimo de Deus.

Não se esqueçam de que se é grande a significação de nossa fé, enquanto viajamos no mundo, a importância dela é muito mais ampla depois de perdermos a veste fisiológica.

Em outra oportunidade, tornaremos ao intercâmbio. Nossos assuntos são fascinantes e, em outro ensejo, nossa amizade voltará.

Jesus nos ilumine e abençoe.

EFIGÊNIO S. VÍTOR

12
No serviço cristão[24]

Porque todos devemos comparecer ante o tribunal do Cristo, para que cada um receba segundo o que tiver feito, estando no corpo, o bem ou o mal.
Paulo[25]

Não falta quem veja no Espiritismo mero campo de experimentação fenomênica, sem qualquer significação de ordem moral para as criaturas.

Muitos aprendizes da consoladora Doutrina, desse modo, limitam-se às investigações de laboratório ou se limitam a discussões filosóficas.

É imperioso reconhecer, todavia, que há tantas categorias de homens desencarnados, quantas são as dos encarnados.

Entidades discutidoras, levianas, rebeldes e inconstantes transitam em toda parte. Além disso, incógnitas e problemas surgem para os habitantes dos dois planos.

---

[24] XAVIER, Francisco Cândido. *Pão nosso.* 2014.
[25] II Coríntios, 5:10.

Em vista de semelhantes razões, os adeptos do progresso efetivo do mundo, distanciados da vida física, pugnam pelo Espiritismo com Jesus, convertendo-nos o intercâmbio em fator de espiritualidade santificante.

Acreditamos que não se deve atacar outro círculo de vida, quando não nos encontramos interessados em melhorar a personalidade naquele em que respiramos.

Não vale pesquisar recursos que não nos dignifiquem.

Eis por que para nós outros, que supomos trazer o coração acordado para a responsabilidade de viver, Espiritismo não expressa simples convicção de imortalidade: é clima de serviço e edificação.

Não adianta guardar a certeza na sobrevivência da alma, além da morte, sem o preparo terrestre na direção da vida espiritual. E nesse esforço de habilitação, não dispomos de outro guia mais sábio e mais amoroso que o Cristo.

Somente à luz de suas lições sublimes, é possível reajustar o caminho, renovar a mente e purificar o coração.

Nem tudo o que é admirável é divino.

Nem tudo o que é grande é respeitável.

Nem tudo o que é belo é santo.

Nem tudo o que é agradável é útil.

O problema não é apenas de saber. É o de reformar-se cada um para a extensão do bem.

Afeiçoemo-nos, pois, ao Evangelho sentido e vivido, compreendendo o imperativo de nossa iluminação interior, porque, segundo a palavra oportuna e sábia do Apóstolo, "todos devemos comparecer ante o tribunal do Cristo, a fim de recebermos, de acordo com o que realizamos, estando no corpo, o bem ou o mal".

EMMANUEL

13
MÃOS À OBRA[26]

Que fareis, pois, irmãos? Quando vos ajuntais, cada um de vós tem salmo, tem doutrina, tem revelação, tem língua, tem interpretação. Faça-se tudo para edificação.
Paulo[27]

A igreja de Corinto lutava com certas dificuldades mais fortes, quando Paulo lhe escreveu a observação aqui transcrita.

O conteúdo da carta apreciava diversos problemas espirituais dos companheiros do Peloponeso, mas podemos insular o versículo e aplicá-lo a certas situações dos novos agrupamentos cristãos, formados no ambiente do Espiritismo, na revivescência do Evangelho.

Quase sempre notamos intensa preocupação nos trabalhadores, por novidades em fenomenologia e revelação.

Alguns núcleos costumam paralisar atividades quando não dispõem de médiuns adestrados.

---

[26] XAVIER, Francisco Cândido. *Pão nosso*. 2014.
[27] I Coríntios, 14:26.

Por quê?

Médium algum solucionará, em definitivo, o problema fundamental da iluminação dos companheiros.

Nossa tarefa espiritual seria absurda se estivesse circunscrita à frequência mecânica de muitos, a um centro qualquer, simplesmente para assinalarem o esforço de alguns poucos.

Convençam-se os discípulos de que o trabalho e a realização pertencem a todos e que é imprescindível se movimente cada qual no serviço edificante que lhe compete. Ninguém alegue ausência de novidades, quando vultosas concessões da esfera superior aguardam a firme decisão do aprendiz de boa vontade, no sentido de conhecer a vida e elevar-se.

Quando vos reunirdes, lembrai a doutrina e a revelação, o poder de falar e de interpretar de que já sois detentores e colocai mãos à obra do bem e da luz, no aperfeiçoamento indispensável.

EMMANUEL

14
OUÇAMOS[28]

Na fase terminal da nossa reunião de 24 de maio de 1956, tivemos a satisfação de receber a visita do Espírito Carlos Goiano, que foi nosso companheiro de ideal em São João Del-Rei, Estado de Minas Gerais.
Suas observações, expressivas e simples, revestem-se de singular interesse para a nossa reflexão.

Alguém já disse que os espíritas desencarnados, quando aparecem à barra das comunicações mediúnicas, permanecem carregados de complexos de culpa, e tinha razão.

Quase todos nós, atravessado o pórtico do sepulcro, retornando aos nossos templos de serviço e de fé, somos portadores de preocupação e remorso...

Raros de nós conseguimos sustentar tranquilidade no semblante moral.

E, habitualmente, em nos fazendo sentir, denunciamos a posição de infelizes, entre a queixa e o desencanto, relacionando as surpresas que nos dilaceram a alma, o encontro de dores imprevistas, a identificação de problemas inesperados...

---

[28] XAVIER, Francisco Cândido. *Vozes do grande além*. 2013.

Topamos lutas com as quais não contávamos e derramamos lágrimas de aflição e arrependimento tardio...

Entretanto, isso acontece para demonstrar que, em nosso ideal redentor, esposamos a fé ao modo daqueles que se adaptam por fora a certas convicções intelectuais, guardando anquilosados por dentro velhos erros difíceis de remover.

"Procurai e achareis" — disse-nos o Mestre.

E na condição de espíritas esquecidos da necessidade de autor-regeneração, usamos a nossa Doutrina na conquista de facilidades temporais que nos falem de perto ao conforto, olvidando que nós mesmos é que deveríamos ser usados por ela na construção de nosso próprio bem, através do bem a todos aqueles que nos acompanham na Terra.

"Procurai e achareis", sim...

Mas procuramos a satisfação desordenada de nossos desejos e buscamos a acomodação com a nossa inferioridade, desfazendo-nos em múltiplos tentames de amparo às requisições de nossa existência material, entre os homens nossos irmãos, olvidando, quase que totalmente, os imperativos de nossa reforma, nos padrões do Cristo, que afirmamos acompanhar, e, daí, as tragédias encontradas na própria mente — a velha arquivista de nossos sentimentos, pensamentos, palavras e ações, antiga registradora de nossa vida real — a exibir-nos, à face da Lei, todos os quadros que nós mesmos plasmamos com invigilância deplorável.

Em verdade, como espíritas, fartamo-nos excessivamente no campo das bênçãos divinas.

Todos estamos informados, com respeito às próprias responsabilidades e obrigações, entregues ao nosso livre-arbítrio, sem autoridades religiosas que nos imponham pontos de vista, ou capazes de cercear-nos o voo no caminho ascensional da verdadeira espiritualização.

Sabemo-nos confiados a nós mesmos, diante de Nosso Senhor, para construir abençoado futuro, além da morte, com trabalho inadiável no bem, cada dia, mas sentimo-nos na posse desse tesouro de liberdade à maneira dos filhos perdulários de uma casa generosa e rica que malversam os bens recebidos, em vez de utilizá-los em benefício próprio.

Assim, pois, terminando a nossa arenga despretensiosa, propomo-nos simplesmente recordar outra assertiva do Nosso Divino Condutor: "Batei e abrir-se-vos-á."
As palavras do Cristo não são dúbias.
Constituem enunciado positivo.
"Batei e abrir-se-vos-á."
Esses verbos, porém, tanto se reportam às portas do Céu como se referem às portas do inferno...
Batamos, assim, à porta do estudo nobre, conquistando o conhecimento superior.
Insistamos à porta da caridade, incorporando a verdadeira alegria.
Procuremos a continência, a disciplina, a educação, e o serviço, com o dever retamente cumprido, para ingressarmos em esferas mais elevadas, a começar desde hoje.
Fala-vos humilde companheiro de ideal e de luta. Não tenho a presunção de ensinar, de recomendar, de salvar...
Auscultando as minhas necessidades, é que, finalizando a conversação, desejo apenas recorrer ainda ao aviso de nosso eterno Benfeitor:
"Ouça quem tiver ouvidos de ouvir!"

CARLOS GOIANO

15
COMPANHEIRO DE REGRESSO[29]

Não obstante residir no Rio de Janeiro, onde fazia parte do antigo "Grupo Regeneração", Antônio Sampaio Júnior era membro efetivo do "Grupo Meimei", desde a hora da fundação.
    Por duas a três vezes, anualmente, vinha a Pedro Leopoldo, reconfortando-nos com o seu apoio e com a sua presença.
    Era ele a personificação da fé viva, da generosidade, do bom humor. Infundia-nos coragem nas horas mais difíceis e esperança nos obstáculos mais duros.
    Desencarnado subitamente, em outubro de 1955, deixou-nos as melhores recordações. Foi nosso abnegado e inesquecível Sampaio o amigo que compareceu no horário destinado à instrução, em nossa Casa, na fase terminal da reunião, na noite de 22 de março de 1956, transmitindo-nos a confortadora mensagem que passamos a transcrever.

---

[29] XAVIER, Francisco Cândido. *Vozes do grande além*. 2013.

Meus amigos:

Louvado seja Nosso Senhor Jesus Cristo.
Sou o Sampaio, de volta ao nosso grupo.
Dou, de imediato, o meu cartão de visita para que o pensamento de vocês me ajude a falar com segurança.

Reconheço-me ainda como o pássaro vacilante a arrastar-se fora do ninho, movimentando-me qual convalescente em recuperação depois de moléstia longa.

Mesmo assim, venho agradecer-lhes as preces com que me ajudam.

Recebam todos o meu reconhecimento por essa dádiva de carinho, porque assim como, para apreciar verdadeiramente um remédio, é preciso haver sofrido uma enfermidade grave, para reconhecer, de fato, o valor de uma oração, é necessário haver deixado o corpo da Terra.

Por outro lado, nossos benfeitores permitiram amavelmente que eu lhes falasse, por haver prometido a mim mesmo trazer-lhes alguma notícia, depois da grande passagem.

Escusado será dizer que me lembrei dos irmãos de ideal na última hora... Não houve tempo, contudo, para qualquer recomendação. A morte arrebatou-me a vestimenta de carne, assim como a faísca elétrica derruba a árvore distraída.

Quanto a dizer-lhes, porém, com franqueza, o que me sucedeu, devo afirmar-lhes que, por enquanto, me sinto tão ignorante do fenômeno da morte, assim como, quando estava junto de vocês, desconhecia totalmente o processo de meu nascimento na esfera física.

Creio mesmo que, em minhas atuais condições, guardar a lembrança de que sou o Sampaio já é demais...

Posso, em razão disso, apenas notificar-lhes que acordei num leito muito limpo, acreditando-me em casa.

O corpo não se modificara.

Em minha imaginação, retomava a luta cotidiana em manhã vulgar... Mas, quando vi minha mãe ao pé de mim, quando seus olhos me falaram sem palavras, ah! meus amigos, o meu deslumbramento deve ter sido igual ao do prisioneiro que se vê, repentinamente, transferido de um cárcere de trevas para a libertação em plena luz.

Graças a Deus, entendi tudo!...

Abracei mãe Antoninha[30] com as lágrimas felizes de uma criança que retorna ao colo materno...

Rebentava em mim, naquela hora, uma saudade penosamente sofrida, com muito choro represado no coração.

Que palavras da Terra descreveriam meu júbilo?

Ainda nos braços de minha mãe, compreendi que o Espiritismo no caminho humano é assim como a alfabetização de nossa alma para a vida eterna, pois não precisei de argumento algum para qualquer explicação a mim mesmo.

Entretanto, cessada que foi aquela primeira explosão de alegria, recordei o *Sampaio carnal* e vigorosa dor oprimiu-me o peito. Minhas velhas contas com a angina pareciam voltar. A dispneia assaltou-me de improviso, mas nova expressão de ventura aguardava-me o sentimento.

Nosso Dr. Bezerra[31] veio ter comigo e pude beijar-lhe as mãos.

Sabem lá o que seja isso?

Bastou que sua destra carinhosa me visitasse a fronte, para que o velho trapo de carne fosse esquecido...

Desde esse instante, vi-me à maneira do colegial satisfeito em nova escola.

Mãe Antoninha informou-me de que um hospital-educandário me havia admitido.

Meu tratamento restaurador obedeceu aos passes magnéticos e à linfoterapia, palavra nova em minha boca.

Termas enormes recolhem os enfermos, cada qual segundo as suas necessidades.

Por minha vez, de cada mergulho na água benfazeja e curativa, regressava sempre melhor, até que minhas forças se refizeram de todo.

Regularmente recuperado, pude voltar, em companhia de nossos benfeitores, às minhas casas inesquecíveis de trabalho e de fé, o "Regeneração"[32] e o "Meimei".[33]

---

[30] Nota do organizador da obra original: Refere-se o amigo à sua genitora, há muito desencarnada.

[31] N.E.: Dr. Adolfo Bezerra de Menezes.

[32] Nota do organizador da obra original: Grupo Espírita Regeneração, sediado no Rio de Janeiro.

[33] Idem: Grupo Meimei, sediado em Pedro Leopoldo, Minas.

Graças a Jesus, tenho escutado o Evangelho com outros ouvidos e aprendido a nossa Doutrina com novo entendimento.

Tenho agora livros e livros ao meu dispor.

Muitos companheiros são trazidos ao nosso hospital em terrível situação. Não se alfabetizaram para o continuísmo da existência e sofrem muito, requisitando o concurso de magnetizadores que lhes extraem as recordações, quais médicos arrancando tumores internos de vísceras doentes. Essas recordações projetam-se fora deles para que compreendam e se aquietem.

Mas, por felicidade deste criado de vocês, venho tomando contacto com a memorização, muito vagarosamente.

É imprescindível muita precaução para que nosso Espírito, despojado da matéria densa, não penetre de surpresa nos domínios do passado, habitualmente repleto de reminiscências menos dignas, que podem perturbar muitíssimo os nossos atuais desejos.

Via de regra, no mundo, sentimo-nos sequiosos pelo conhecimento do pretérito.

Aqui, suplicamos para que esse conhecimento seja adiado, reconhecendo que, na maioria dos casos, ele nos alcança qual ventania tumultuosa, abalando os alicerces ainda frágeis das boas ideias que conseguimos assimilar.

Por esse motivo, sou agora um aprendiz de mim mesmo, agindo com muita cautela para não estorvar a proteção que estou recebendo.

"Tudo aqui é como aí",[34] hoje percebo melhor o sentido da pequena mensagem que recebemos juntos: "Tudo aqui é como aí, mas aí não é como aqui".

Nossas vestes, utilidades e alimentos, no plano de recém-desencarnados em que me encontro, embora mais sutis, são aproximadamente análogos aos da Terra.

Tenho perguntado a muitos amigos, com quem posso trocar ideias, quanto à formação das coisas que servem à nossa nova moradia... Todos abordam o assunto de maneira superficial, como acontece no mundo, onde um químico discorre sobre a água, um

---

[34] Nota do organizador da obra original: Refere-se o visitante à singela mensagem que recebemos juntos no Grupo Espírita Meimei, quando um amigo desencarnado sintetizou para nós as suas notícias do mundo espiritual com as seguintes palavras: "Tudo aqui é como aí, mas aí não é como aqui".

botânico expõe teorias quanto à natureza das plantas ou um médico leciona sobre o corpo humano... Mas, no fundo, o químico estuda o hidrogênio e o oxigênio sem lhes conhecer a origem, o botânico fala da planta, incapaz de penetrar-lhe o segredo, e o médico avança desassombrado em torno da constituição do corpo humano, ocultando com terminologia complicada o enigma da simples gota de sangue.

Aqui também, na faixa de luta em que me encontro, apenas sabemos que a matéria se encontra em novo estado. Dinamizada especificamente para nossos olhos, para nossos ouvidos e para as nossas necessidades, como na Terra surge graduada para as exigências e problemas da escola humana.

Não me alongarei, porém, neste assunto.

Somente aspiro a algum contacto com vocês para dizer-lhes que o velho amigo está reconhecido e satisfeito.

Desfruto hoje a alegria do paralítico que recobrou os movimentos, do cego que tornou à claridade, da criança embrutecida que alcançou o princípio da própria educação...

Sinto-me outro, contudo devo afirmar-lhes que a desencarnação exige grande preparo a fim de que seja uma viagem tranquila.

Tudo aqui sobrevive. Os hábitos, os desejos, as inclinações, as boas ideias e os pensamentos indignos reaparecem conosco, Além--túmulo, tanto quanto as qualidades nobres ou deprimentes ressurgem, acordadas em nós, na experiência física, depois do repouso noturno, cada manhã.

Dois flagelos ainda agora me atormentam: o costume de fumar e a conversação sem proveito.

Tenho sido carinhosamente auxiliado para que me liberte de semelhantes viciações.

Com respeito ao fumo, o verdadeiro prejudicado sou eu próprio, no entanto, a palavra inútil impõe-me o remorso do tempo perdido pela desatenção.

Apesar de tudo, estou renovado e otimista, esperando continuar estudando o Evangelho, para que eu possa transferir-me do hospital-educandário em que ainda me vejo para o trabalho ativo,

porquanto, aprendendo a viver em regime de utilidade para os outros, estarei cooperando em favor de mim mesmo.
Que Jesus seja louvado!

Antônio Sampaio Júnior

16
Apelo à união[35]

Noite de 12 de abril de 1956.
No justo momento das instruções, tivemos a visita do Espírito Pedro da Rocha Costa, antigo seareiro de nossa Doutrina Consoladora, na cidade de Cachoeiro do Itapemirim, Estado do Espírito Santo, e ali desencarnado, companheiro esse cuja presença já vinha sendo notada, desde algum tempo, em nossas reuniões, pelos nossos clarividentes.
Pedro da Rocha Costa, incorporado no médium, em síntese notável formula precioso apelo à união que a todos sobremaneira nos interessa.

Jesus Cristo Nosso Senhor seja louvado.

Em nossa Doutrina Redentora, as campanhas de assistência são inegavelmente as mais variadas.

Temos as que favorecem os recém-nascidos, relegados ao desamparo, as da sopa dedicada aos famintos da jornada humana, as de socorro aos companheiros obsidiados que reúnem os caracteres firmes e os corações generosos a benefício dos alienados mentais, as do cobertor para as noites enregelantes do inverno, visando ao

---
[35] XAVIER, Francisco Cândido. *Vozes do grande além*. 2013.

reconforto daqueles irmãos sitiados na carência de recursos terrestres, as dos ambulatórios que se abrem acolhedores em favor dos doentes, dos feridos e dos angustiados de todas as procedências, as do remédio gratuito e valioso, que objetivam o alívio dos enfermos necessitados e temos ainda aquelas das conferências públicas que veiculam o conhecimento doutrinário para a ignorância das criaturas que tateiam ainda nas sombras da inteligência.

Dispomos dos mais diversos movimentos de caridade para os quais há sempre bolsas abertas e braços amigos, trabalhando na redenção do próximo, principalmente na salvação do equilíbrio orgânico dos nossos companheiros de humanidade.

Entretanto, seria de todo muito oportuna uma campanha mais vasta, da qual participem os nossos sentimentos mais dignos, favorecendo-nos a união no campo do Espiritismo.

Não nos reportamos à união dos pontos de vista, porque a igualdade do pensamento é francamente impraticável.

Cada espírito observa o painel do mundo, conforme a visão que já conseguiu descerrar no campo de si mesmo, e cada alma repara as manifestações da Vida, segundo o degrau evolutivo em que se coloca.

Referimo-nos à união fraternal, através da tolerância construtiva e cristã, por intermédio da desculpa automática a todas as pequeninas ofensas e a todas as insignificantes incompreensões do caminho, para que a bandeira renovadora de nossa fé não se perca na escura província do tempo perdido.

União, através da prece que auxilia em silêncio, do gesto que ajuda sem alarde, da atitude que ampara sem ruído e da língua capaz de estender o amor de Jesus no combate sistemático à maledicência, à calúnia, à perturbação, à indisciplina e à desordem...

Ninguém imagina, nas leiras de serviço em que a convicção espírita deve servir infatigavelmente, quanto nos dói o tempo desaproveitado, depois que o corpo de carne — a enxada sublime — nos escapa das mãos espirituais.

Indiscutivelmente, é preciso haver perdido a oportunidade para que o valor dela se nos apresente tal qual é, aos olhos da mente acordada nos compromissos que esposamos diante do Cristo.

Em verdade, não disponho de elementos intelectuais para a criação de muitas imagens, em torno da tese que nos serve de assunto nesta visita rápida, contudo, reconhecemos-lhe a imensa importância.

Por isso mesmo, encerramos a nossa conversação despretensiosa, rogando a Jesus nos desperte o entendimento para que a comunhão fraternal seja, de fato, uma campanha que venha a merecer de todos nós, desencarnados e encarnados, no Espiritismo com Jesus, a fiel atenção que será justo consagrar-lhe, para que as nossas horas, no dia de hoje, não estejam amanhã vazias com os tristes selos da inutilidade que denominamos "remorso" e "arrependimento".

Pedro da Rocha Costa

17
ANOTAÇÃO FRATERNA[36]

> *Reservava-nos grande alegria o término de nossos labores espirituais na noite de 9 de agosto de 1956. É que fomos felicitados com a visita do Espírito F. Purita, denodado batalhador da nossa causa em Minas, onde construiu vasto círculo de amizades. Sensibilizando-nos imensamente, o abnegado companheiro deixou-nos a seguinte "anotação fraterna", que consubstancia valioso estudo.*

Nós, os espíritas desencarnados, via de regra, estamos perante a Vida superior como alunos envergonhados, que se despediram da escola com baixa média de aproveitamento, apesar da excelência do curso preparatório colocado na Terra à nossa disposição.

Conhecemos, mais que os profitentes de outros credos, a paternidade de Deus, a orientação de Jesus e a bênção do Evangelho, com livre interpretação pessoal.

Permanecemos convencidos, quanto à lei de causa e efeito que estudamos de perto, nas consciências exoneradas do vaso físico;

---

[36] XAVIER, Francisco Cândido. *Vozes do grande além*. 2013.

sabemos que a vida continua com todo o império do raciocínio e da emoção, além do túmulo; e somos aquinhoados por todo um tesouro de revelações do mundo suprafísico, capaz de transformar-nos, entre os homens, em verdadeiros apóstolos do bem.

Contudo, a morte — que é sempre o examinador exato da vida — encontra-nos em condição deficitária.

Proclamamo-nos detentores de uma doutrina com tríplice aspecto, totalizando a Ciência, a Filosofia e a Religião; no entanto, dela fazemos uma ciência discutidora, uma filosofia de dúvidas e uma religião de hábitos cristalizados.

Gritamos que "fora da caridade não há salvação", mas a nossa caridade, comumente, é aquela do supérfluo ao necessitado, assim como a do viajante enfastiado em navio superfarto, que atira pão ao peixe faminto.

Asseveramos que Jesus é o nosso divino Mestre e Supervisor de nossas atividades, todavia, entregamo-nos, bastas vezes, ao intercâmbio de fascinação, dominados pela fome doentia de reconforto individual, ouvindo oráculos subservientes e enganosos e desertando sistematicamente da luta que nos é necessária à renovação.

E em muitas ocasiões bradamos, ociosos e ingratos:

— Não quero reencarnar.

— Não tornarei à Terra.

Entretanto, descerrado o véu que nos encobre a realidade, encontramo-nos estupefatos diante do tempo que despendemos em vão, dos recursos terrestres que consumimos debalde, das maravilhas da vida a nos desafiarem o esforço e da situação desagradável da alma, nas esferas inferiores, nas quais somos compelidos a estágio longo, como resultante de nossa rebeldia e indiferença.

Não falamos aqui como quem repreende.

Somos ainda um simples companheiro que volta, necessitado de mais luz.

Isso, porém, não impede que a nossa palavra se converta em anotação fraterna, para compreendermos que a função essencial de nossos princípios é aquela da reconstrução do Espírito, para que se nos eleve a senda do destino.

Sem Espiritismo no campo íntimo, para que a nossa recuperação se faça tão completa quanto possível, na obra do Senhor, nossas convicções e predicações podem valer para os outros, que se inclinem a aproveitá-las, mas não para nós mesmos, que nos situaremos voluntariamente distantes do trabalho a realizar.

É por esse motivo que a reencarnação quase que imediata, para todos nós, trânsfugas dos deveres maiores, é impositivo urgente e recomendável, de vez que, se ainda não nos liberamos do purgatório da afetividade mal conduzida e se ainda não abraçamos a lavoura do bem por amor ao bem, a volta ao educandário da carne é a maior concessão que a divina Providência pode facultar-nos à sede de progresso.

Todos os companheiros, candidatos à mais ampla incursão no campo da verdade e do estudo, depois da morte física, devem aproveitar o tempo da encarnação como período valioso de aprendizado, adotando a disciplina como norma indispensável à construção que pretendem levar a efeito.

Em suma, os espíritas receberam, na atualidade da Terra, o quinhão máximo de talentos do Céu. E para que possam assimilar em definitivo a herança do Céu, é necessário se disponham a viver no esforço máximo. Isso equivale a dizer cultura constante do cérebro e cultura infatigável do coração.

F. Purita

18
PALAVRAS DE ALERTA[37]

Atingíramos a fase terminal da nossa reunião de 12 de julho de 1956, quando, trazido por nossos benfeitores, compareceu em nosso recinto o Espírito J. C., que foi festejado e discutido médium de materializações nos arraiais espíritas do Brasil. Usando o canal psicofônico, J. C., recentemente desencarnado, evidenciava grande tortura íntima, ofertando-nos grave advertência, que, sinceramente, nos impele a demorada meditação.

Sou um médium desencarnado, pedindo ajuda para os médiuns que ainda se encontram no corpo físico... Um companheiro que baixou, ferido, à retaguarda, rogando socorro para aqueles soldados que ainda perseveram na frente.

Isso porque a frente vive superlotada de inimigos ferozes... Inimigos que são a vaidade e o orgulho, a ignorância e a fragilidade moral, a inconformação e o egoísmo, a rebeldia e a ambição desregrada a se ocultarem na cidadela de nossa alma e que, muitas

---

[37] XAVIER, Francisco Cândido. *Vozes do grande além.* 2013.

vezes, são reforçados em seu poder de assalto por nossos próprios amigos, porquanto, a pretexto de afetividade e devoção carinhosa, muitos deles nos comprometem o trabalho e, quase sempre, levianos e infantis, nos conduzem à ruína da sagrada esperança com que renascemos na experiência terrestre.

Sou o companheiro J. C., que muitos de vós conhecestes.

A jornada foi curta, mas acidentada e difícil. E, trazendo comigo os sinais da imensa luta, a se exprimirem por remorsos e lágrimas, apelo para vós outros, a fim de que haja em nós todos, médiuns, doutrinadores, tarefeiros e beneficiários da Causa Espírita, uma noção mais avançada de nossas responsabilidades, diante do Cristo, nosso Mestre e Senhor..

Comecei retamente a empreitada, mas era demasiadamente moço e sem qualquer instrução que me acordasse a visão íntima para as consequências que me adviriam do cumprimento feliz ou infeliz das minhas obrigações.

Meus recursos medianímicos eram realmente os da materialização e, com eles, denodados benfeitores das esferas mais elevadas tutelavam-me a existência; entretanto, fugi ao estudo, injustificavelmente entediado das lições alusivas aos meus deveres, e minha culpa foi agravada por todos aqueles amigos que, na sede inveterada de fenômenos, me alentavam a ignorância, como se eu não tivesse o compromisso de acender uma luz no coração para que a romagem fosse menos árdua e o caminho menos espinhoso.

Com semelhante leviandade, surgiram as exigências — exigências altamente remuneradas, não pelo dinheiro fácil, mas pela notoriedade social, pelas relações prestigiosas e por todas as situações que nos estimulam a vaidade — quais se fôssemos donos das riquezas que nos bafejam o espírito, ainda imperfeito, em nome de Nosso Pai.

Em vista disso, mais cedo que eu poderia esperar, multidões da sombra, interessadas no descrédito de nossas atividades, cercaram-me o roteiro. E, por mais me alertassem os instrutores que jamais nos abandonam, as grossas filas de quantos me acenavam com a falsa estimação de meu concurso apagavam-me os gritos da consciência, transferindo-me, assim, à condição de joguete dos encarnados e dos desencarnados, menos apto ao convívio das revelações de nossa Doutrina Consoladora, com o que lhes aceitava, sem relutância, as sugestões magnéticas, agindo ao sabor de caprichos inferiores e delinquentes.

Cabe-me afirmar, com todo o amargor da realidade, que, distraído de mim mesmo, apático e semi-inconsciente, prejudiquei o elevado programa de nossos orientadores; contudo, os atenuantes de minha falta revelaram-se aqui, em meu favor, e a Providência divina amparou o servo que caiu, desastrado, e que somente não desceu mais intensamente ao bojo das sombras porque, com a bênção de Jesus, me despedi do mundo em extrema pobreza material, deixando a família em proveitosas dificuldades.

Comecei bem, repito, mas a inexperiência incensada fez-me olvidar o estudo edificante, o trabalho espontâneo de socorro aos doentes, a proteção fraterna aos necessitados e desvalidos e, segregado numa elite de criaturas que me desconheciam a gravidade da tarefa, entreguei-me, sem qualquer defensiva, ao domínio das forças que me precipitaram no nevoeiro.

Com o auxílio do Senhor, porém, antes que a delinquência mais responsável me estigmatizasse o espírito, a mão piedosa da morte física me separou do corpo que eu não soube aproveitar.

É por isso que, em vos visitando, qual soldado em tratamento, rogo para que os médiuns encontrem junto de vossos corações não apenas o testemunho das realidades espirituais, tantas vezes doloroso de dar-se e difícil de ser obtido, pelas deficiências e fraquezas de que somos portadores, mas também a partilha do estudo nobre, da fraternidade viva, do trabalho respeitável e da reta consciência...

Que eles sejam recebidos tais quais são...

Nem anjos, nem demônios.

Nem cobaias, nem criaturas milagreiras.

Guardemo-los por irmãos nossos, carregando consigo as marcas da humanidade, solicitando redenção e sacrifício, abnegação e sofrimento.

A árvore para produzir com eficiência deve receber adubo no trato de solo em que o Senhor a fez nascer.

O rio para espalhar os benefícios de que é mensageiro, em nome da natureza divina, pode ser retificado e auxiliado em seu curso, mas não se pode afastar do leito básico.

Oxalá possam os médiuns aprender que mais vale ser instrumento das consolações do espírito, na intimidade de um lar, ao aconchego de uma só família, que erigir-se em cartaz da imprensa, submetido a experimentações que, em muitas circunstâncias, acabam em frustração e bancarrota moral.

Saibam todos que mais vale socorrer a chaga de um doente, relegado ao desprezo público, que produzir fenômenos de espetaculares efeitos, cuja fulguração, quase sempre, cega aqueles que os recebem sem o preparo devido.

Ah! meus amigos, o Espiritismo é o tesouro de luz de que somos, todos nós, quando entre os homens, carregadores responsáveis, para que a humanidade se redima! ...

Lembremo-nos de semelhante verdade, para que todos nós, na doutrinação e na mediunidade, na beneficência e no estudo, estejamos de atalaia contra os desastres do espírito, mantendo-nos no serviço constante da humildade e do amor, de modo a vencermos, enfim, a escabrosa viagem para os montes da Luz.

J. C.

19
O ESPÍRITA NA EQUIPE[38]

Numerosos companheiros estarão convencidos de que integrar uma equipe de ação espírita se resume em presenciar os atos rotineiros da instituição a que se vinculam e resgatar singelas obrigações de feição econômica. Mas não é assim. O espírita, no conjunto de realizações espíritas, é uma engrenagem inteligente com o dever de funcionar em sintonia com os elevados objetivos da máquina.

Um templo espírita não é simples construção de natureza material. É um ponto do planeta onde a fé raciocinada estuda as leis universais, mormente no que se reporta à consciência e à justiça, à edificação do destino e à imortalidade do ser. Lar de esclarecimento e consolo, renovação e solidariedade, em cujo equilíbrio cada coração que lhe compõe a estrutura moral se assemelha à peça viva de amor na sustentação da obra em si. Não bastará frequentar-lhe as reuniões. É preciso auscultar as necessidades dessas mesmas reu-

---

[38] XAVIER, Francisco Cândido; VIEIRA, Waldo. *Estude e viva*. 2013. Esta mensagem remete ao estudo do Cap. XVII, it. 4 de *O evangelho segundo o espiritismo* e da questão 717 de *O livro dos espíritos*.

niões, oferecendo-lhes solução. Respeitar a orientação da casa, mas também contribuir, de maneira espontânea, com os dirigentes, na extinção de censuras e rixas, perturbações e dificuldades, tanto quanto possível no nascedouro, a fim de que não se convertam em motivos de escândalo. Falar e ouvir construtivamente. Efetuar tarefas consideradas pequeninas, como sejam sossegar uma criança, amparar um doente, remover um perigo ou fornecer uma explicação sem que, para isso, haja necessidade de pedidos diretos. Sobretudo, na organização espírita, o espírita é chamado a colaborar na harmonia comum, silenciando melindres e apagando ressentimentos, estimulando o bem e esquecendo omissões no terreno da exigência individual.

Todos nós, encarnados e desencarnados, compareçamos ao templo espírita no intuito de receber o concurso dos Mensageiros do Senhor; no entanto, os Mensageiros do Senhor esperam igualmente por nosso concurso, no amparo a outros, e a nossa cooperação com eles será sempre, acima de tudo, trabalhar e servir, auxiliar e compreender.

EMMANUEL

20
Espíritas em família não espírita[39]

Dos temas relacionados a grupos consanguíneos, temos a considerar um dos mais importantes para nós outros, qual seja aquele dos companheiros espíritas ligados a familiares que ainda não conseguem aceitar os ensinamentos do Espiritismo.

Frequentemente, os amigos incursos nessa prova recorrem ao mundo espiritual pedindo orientação. Suspiram por ambiente que lhes seja próprio aos ideais. Querem afetos que lhes incentivem as realizações e, porque o mundo espiritual lhes respeite o livre-arbítrio, contornando-lhes os problemas, sem ferir-lhes a iniciativa, muitos deles entram em dúvida, balançando o coração, entre o anseio de fuga e o acatamento ao dever.

O espírita, porém, comprometido com os parentes não espíritas, permanece acordado para as realidades da reencarnação; sabe que ninguém assume obrigações à revelia do foro íntimo e que nin-

---
[39] XAVIER, Francisco Cândido, VIEIRA, Waldo. *Estude e viva*. 2013. Esta mensagem remete ao estudo do Cap. XIV, it. 9 de *O evangelho segundo o espiritismo* e da questão 208 de *O livro dos espíritos*.

guém renasce sem motivo, nessa ou naquela equipe familiar. Seja atendendo a exigências de afinidade, escolha, expiação ou tarefa específica, o Espírito reencarna ou trabalha junto daqueles com quem lhe compete evoluir, aprimorar-se, quitar-se, desincumbir-se de certos encargos ou atender a programas de ordem superior e, por isso, não dispõe do direito de deserção da oficina doméstica, tão só porque aí não encontre criaturas capazes de lhe partilharem os sonhos de elevação. Aliás, exatamente aí, na forja de inquietantes conflitos sentimentais, é que se edificará para a ascensão a que aspira.

Cônjuge difícil, pais incompreensivos, irmãos-enigmas ou filhos-problemas constituem na Terra o corpo docente de que necessitamos na escola familiar. Com eles e por eles é que avaliamos as nossas próprias claudicações de modo a corrigi-las.

Indiscutivelmente, em explanando assim, não induzimos companheiro algum a compartilhar criminalidade em nome de obrigação.

Porque estejamos vinculados a alguém, não estamos constrangidos à insensatez que esse alguém se decida a cultivar.

Desejamos unicamente ponderar que não é razoável abandonar ou interromper ajustes edificantes sem que a nossa consciência esteja em paz com o dever cumprido.

Sempre que nos reconheçamos desambientados na família do mundo, à face dos princípios espíritas que os entes queridos não se mostrem, de imediato, dispostos a abraçar, estamos na posição do devedor entre credores vários, com a valiosa possibilidade de ressarcir nossos débitos, ou na condição do aluno em curso intensivo de burilamento individual, com a bendita oportunidade de adquirir atestados de competência, em diversas lições.

EMMANUEL

21
Espíritas, meditemos[40]

Um templo espírita é, na essência, um educandário em que as leis do ser, do destino, da evolução e do universo são examinadas claramente, fazendo luz e articulando orientação, mas, por isso, não se deve converter num instituto de mera preocupação academicista.

Manterá o simpósio dos seareiros experientes, sempre que necessário, mas não o situará por cima da obra de evangelização popular.

Alentará a tribuna em que o verbo primoroso lhe honorificará os princípios, diante de assembleias cultas e atentas; contudo, não se esquecerá do entendimento fraternal, de coração para coração, em que os companheiros mais sábios se disponham, pacientemente, a responder às perguntas e a sossegar as inquietações dos menos instruídos.

Fornecerá informações preciosas aos pesquisadores da Verdade, na esfera dos conhecimentos superiores que veicula; no entanto,

---

[40] XAVIER, Francisco Cândido; VIEIRA, Waldo. *Estude e viva*. 2013. Esta mensagem remete ao estudo do Cap. XXIV, it. 15 de *O evangelho segundo o espiritismo* e da questão 801 de *O livro dos espíritos*.

trabalhará com maior devotamento em favor dos caídos em provação e necessidade que lhe batem à porta, esmagados de sofrimento.

Prestigiará a ciência do mundo que suprime as enfermidades e valorizará o benefício da prece e do magnetismo curativo, no socorro aos doentes.

Divulgará o conceito filosófico e a frase consoladora.

Propiciará o ensino, multiplicando o pão.

Um templo espírita, revivendo o Cristianismo, é um lar de solidariedade humana, em que os irmãos mais fortes são apoio aos mais fracos e em que os mais felizes são trazidos ao amparo dos que gemem sob o infortúnio.

Nesse sentido, é lícito recordar os apelos endereçados pelo mundo espiritual aos espíritas, através da Codificação Kardequiana, no item 4, do capítulo XX, de *O evangelho segundo o espiritismo*, que nos apontam rumo certo:

> Ide, pois, e levai a palavra divina aos grandes que a desprezarão; aos eruditos que exigirão provas; aos pequenos e simples que a aceitarão, porque principalmente entre os mártires do trabalho, na provação terrena, encontrareis fervor e fé. Ide! Esses receberão, com hinos de gratidão e louvores a Deus, a santa consolação que lhes levareis, e baixarão a fronte, rendendo-lhe graças pelas aflições que a Terra lhes destina.

Espíritas, reflitamos!

Estudemos, sentindo, compreendendo, construindo e ajudando sempre.

Auxiliemos o próximo, sustentando, ainda, todos aqueles que procuram auxiliar.

Jesus chamou a equipe dos apóstolos que lhe asseguraram cobertura à obra redentora, não para incensar-se, nem encerrá-los em torre de marfim, mas para erguê-los à condição de amigos fiéis, capazes de abençoar, confortar, instruir e servir ao povo que, em todas as latitudes da Terra, lhe constitui a amorosa família do coração.

EMMANUEL

22
Companheiros Francos[41]

Na esfera do sentimento, somos habitualmente defrontados por certa classe de amigos que são sempre dos mais preciosos e aos quais nem sempre sabemos atribuir o justo valor: aqueles que nos dizem a verdade acerca das nossas necessidades de espírito.

Invariavelmente, categorizamos em alta conta as afeições que nos assegurem conveniências de superfície nos quadros do mundo. Confiança naqueles que nos multipliquem as posses efêmeras e solidariedade aos que nos garantam maior apreço no grupo social.

Perfeitamente cabível a nossa gratidão para com todos os benfeitores que nos enriquecem as oportunidades de progredir e trabalhar na experiência comum.

Sejamos, porém, honestos conosco e reconheçamos que não nos é fácil aceitar o concurso dos companheiros cuja palavra franca e esclarecedora nos auxilia na supressão dos enganos que nos parasitam

---

[41] XAVIER, Francisco Cândido; VIEIRA, Waldo. *Estude e viva*. 2013. Esta mensagem remete ao estudo do Cap. X, it. 13 de *O evangelho segundo o espiritismo* e da questão 922 de *O livro dos espíritos*.

a existência. Se nos falam, sem qualquer circunlóquio, em torno dos perigos de que nos achamos ameaçados, à vista de nossa inexperiência ou invigilância, ainda mesmo quando enfeitem a frase com o arminho da bondade mais pura, frequentemente reagimos de maneira negativa, acusando-os de ingratos e duros de coração. Se insistem, não raro consideramo-los obsidiados, quando não permitimos que o mel da amizade se nos transtorne na alma em vinagre de aversão, exagerando-lhes os pequeninos defeitos, com absoluto esquecimento das nobres qualidades de que são portadores.

Tenhamos em consideração distinta os amigos incapazes de acalentar-nos desequilíbrios ou ilusões. Jamais cometamos o disparate de misturá-los com os caluniadores. Os empreiteiros da difamação e da injúria falam destruindo. Os amigos positivos e generosos advertem e avisam com discrição e bondade. Sempre que algo nos digam, sacudindo-nos a alma, entremos em sintonia com a própria consciência, roguemos ao Senhor nos sustente a sinceridade e saibamos ouvi-los.

EMMANUEL

23
No dia das tarefas[42]

Quem descreveria o encanto daquele grupo de corações entusiastas na fé? O irmão Celestino edificara-o a pouco e pouco. Cinco anos consecutivos de trabalho e devotamento.

Campeão da bondade no plano espiritual, Celestino encontrara na médium dona Silene uma companheira de ação, extremamente dedicada ao serviço do bem. Viúva desde muito jovem, consagrara-se ao amparo dos semelhantes e, por sua vez, granjeara em Celestino um amigo fiel. Ambos haviam levantado aquela doce equipe de obreiros da oração com inexcedível carinho. Reuniões de prece e auxílio espiritual nas noites de segundas e sextas-feiras. Consultas afetivas a Celestino e respostas abençoadas, criando esperança e reconforto. E, depois dos contatos terrestres, eis o denodado irmão a diligenciar obter, aqui e além, determinadas concessões, a benefício dos companheiros encarnados. A atenção de algum médico amigo para suprimir as enxaquecas de dona Alice; cooperação de zeladores desencarnados em socorro dos meninos de dona Zizinha em dificuldades na escola; apoio de benfeitores para a solução dos

---
[42] XAVIER, Francisco Cândido. *Estante da vida*. 2013.

problemas frequentes de João Colussi, o alfaiate; vigilância de enfermeiros devotados para a filha doente de dona Cacilda, e providências outras, diferentes e múltiplas, de semana em semana, a favor do pessoal. E o pessoal do agrupamento não lhe regateava admiração:

— Espírito amigo como poucos!... — enunciava Sisenando, o contador muitas vezes por ele beneficiado.

— Devo a irmão Celestino o que jamais pagarei!... — acentuava Armando Ribeiro, o tipógrafo.

— Protetor extraordinário!... — afirmava dona Maristela, que a generosidade do amigo espiritual soerguera de fundo abatimento.
— Para mim, é um pai que não posso esquecer...

— Creio que não teremos neste mundo um credor tão importante assim!... — aduzia Dona Raimunda Peres, a quem o samaritano desencarnado restituíra a alegria de viver.

Em clima de trabalho incessante para Celestino, no plano espiritual, e de incessante louvação para ele, no conjunto humano, transcorreram sessenta meses... Por isso, na noite do quinto aniversário das reuniões, a sala de dona Silene mostrava belo aspecto festivo.

Flores, legendas, panos caprichosamente bordados, músicas para meditação...

Chegado o momento do intercâmbio espiritual, depois de preces e saudações efusivas, Celestino controlou o aparelho mediúnico e falou sensibilizado. Reportou-se aos dias do começo, aos favores obtidos do Alto, às oportunidades de trabalho, às alegrias da solidariedade e, finalizando a preleção comovente, apelou:

— Agora, meus irmãos, estamos na época da distribuição das tarefas. Nossa Doutrina revive o ensinamento de Jesus, e o ensinamento de Jesus, acima de tudo, se baseia no serviço ao próximo. Estamos cercados de irmãos sofredores que, desde muito tempo, aspiram à comunhão conosco... Aqui, são doentes que esperam por uma frase de coragem; ali, são desesperados que suplicam o benefício de uma prece; mais além, são necessitados de recursos materiais que anseiam por migalha da cooperação que lhes podemos prestar; mais adiante, vemos crianças requisitando cuidados para não tombarem na desencarnação prematura... E a evangelização? Muita gente de todas as idades conta conosco, a fim de saber o porquê do sofrimento, das lutas domésticas, das desilusões da existência, das aparentes desigualdades da vida!... Convidamos, assim, a todos os nossos amigos aqui congregados para formarmos uma equipe de tarefeiros, com responsabilidades definidas, no serviço aos semelhantes... Cada um se encarregará de um setor de trabalho, na esfera dos recursos que lhe sejam próprios. Seremos um grupo legalmente constituído, do ponto de vista terrestre, com dirigentes e dirigidos, cada qual, porém, servindo à causa da humanidade, em horários previamente estabelecidos. Decerto, precisaremos de disciplina, porquanto as nossas obrigações serão muitas. Recém-nascidos indigentes, enfermos abandonados, obsessos, mendigos, velhinhos sem ninguém, todos os nossos irmãos ao desamparo acharão o socorro possível em nossa casa. Com o amparo divino, trabalharemos...

Ao término, o devotado mentor, em júbilo manifesto, marcou a semana próxima para a discriminação dos encargos com que todo o conjunto seria honrosamente distinguido, a meio de promessas comovedoras e votos brilhantes.

Sobrevindo a reunião assinalada para a distribuição de tarefas, irmão Celestino chegou entusiasmado e confiante ao templo doméstico, notando, porém, que ao lado de dona Silene, em prece, não havia ninguém.

IRMÃO X

24
A MISSÃO[43]

Quando Pacheco foi à reunião de intercâmbio espiritual pela primeira vez, Ricardo, devotado benfeitor do Além, anunciou-lhe preciosa missão que teria a cumprir. Havia renascido entre os homens para atender a elevado ministério. Cultivaria bênçãos de Jesus, seria uma claridade viva nas sombras do mundo.

Pacheco regozijou-se. Chorou de júbilo. Viu-se, por antecipação, à frente de grandes massas de sofredores, dispensando graças do Altíssimo. E, desde então, passou a esperar a ordem direta do Céu para execução do sublime mandato de que era portador.

Afeiçoado à Consoladora Doutrina dos Espíritos, revelou, em breve, adiantadas possibilidades mediúnicas, que mobilizou, um tanto constrangido, a serviço do bem. Não se achava muito disposto ao contato permanente com infortunados e indagadores, sempre férteis entre os vivos e os mortos. No entanto, tentaria. Aguardava a missão prometida, repleta dos galardões da evidência. Recebê-la-ia confiante.

---

[43] XAVIER, Francisco Cândido. *Luz acima*. 2013.

Dentro de alguns meses, contudo, o rapaz denunciava imensa fadiga e, ao termo de apenas dois anos, o soldado arreava mochila. Afastou-se do grupo que frequentava. Silenciou. Recolheu-se à vida pacata, onde lhe não surgiam aborrecimentos. Para que outro mundo além do oásis que a esposa querida e os filhos carinhosos lhe ofereciam? Para que outra ambição além daquela de assegurar no pé-de-meia o futuro da família? Lia notícias do movimento que o interessara antes e amava a boa palestra de gabinete.

De quando em quando, lá surgia um amigo a pedir-lhe opinião, com referência à mediunidade e ao Espiritismo. Pacheco catequizava, solene, sobre a imortalidade da alma. Relacionava as próprias experiências e rematava sempre:

— Os Espíritos Protetores, certa feita, chegaram a declarar que tenho grande missão a cumprir.

— Oh! e por que se afastou assim?! — era a pergunta invariável que lhe desfechavam à queima-roupa.

Cruzava os braços e informava em tom superior:

— As ideias são respeitáveis, mas as criaturas... Imaginem que minhas faculdades eram consultadas a propósito dos mais rasteiros problemas da vida. Muitos desejavam saber por meu intermédio em que zona comercial estariam situados os negócios mais lucrativos, outros buscavam informações alusivas a tesouros soterrados. Inúmeras pessoas procuravam comigo recursos para ocultar delitos graves ou tentavam converter entidades espirituais em agentes comuns de polícia barata. Era eu assediado impiedosamente para esconder crimes ou desvendá-los. Devia funcionar como medianeiro entre maridos e mulheres briguentos, consertar existências fracassadas por desídia dos próprios interessados. De outras vezes, frequentadores de minha roda exigiam que eu desse conta de seus parentes desencarnados. Perdi o sossego em casa e na rua. Os amigos e familiares conspiravam amorosamente contra minha paz, a título de praticarmos a caridade, e, nas ruas, fileira crescente de necessitados e curiosos se punha invariavelmente à minha espera.

Pacheco interrompia-se, pigarreava e prosseguia:

— E na associação dos próprios companheiros? A vaidade acendia fogueiras difíceis de tolerar. A discórdia lavrava entre todos.

Ninguém pretendia servir. Todos buscavam mandar e controlar. A obediência a Jesus e aos bons Espíritos era mandamento para a boca. O coração andava longe. Os diretores indispunham-se reciprocamente, por questões mínimas, os irmãos abusavam da faculdade de analisar. Como ser útil a organizações de semelhante jaez? Ninguém buscava a verdade cristalina. Os ignorantes e os instruídos rogavam para que a verdade se adaptasse a eles, às suas necessidades, aos seus casos... Diante de tudo isso...

O narrador silenciava, reticencioso, e a conversação se reajustava noutro rumo, porque, efetivamente, a exposição de Pacheco oferecia valioso alicerce na lógica.

A vida, contudo, seguiu o tempo, renovando-se dia a dia, e o inteligente desertor jamais esqueceu a missão que o generoso Ricardo lhe havia prometido.

As experiências nevaram-lhe os cabelos, os invernos vencidos enrugaram-lhe a face. A morte arrebatou-lhe a companheira. O mundo pediu-lhe os filhos.

Sozinho agora, de quando em vez procurava antigos companheiros de fé e perguntava ao fim de longa palestra:

— E a missão? Aguardei-a com tanta esperança...

Correram os dias, até que o nosso amigo foi igualmente obrigado a largar o corpo, premido pela angina.

Desencarnado, lutou intensamente para restabelecer a visão e a audição singularmente enfraquecidas.

Cambaleava, hesitante, até que, um dia, viu Ricardo à frente dele.

Ajoelhou-se, confrangido, e indagou, em lágrimas:

— Oh! meu benfeitor, e a missão que me prometestes?

O interpelado sorriu, triste, e exclamou:

— Pudera! fugiste no instante preciso...

— Quê?! — fez o infeliz, apalermado.

— Sim — tornou o amigo —, a possibilidade de auxiliar os semelhantes foi a missão que menosprezaste.

Pacheco pranteou, referindo-se à incompreensão dos homens e às infindáveis querelas dos companheiros.

Ricardo, porém, revidou, sereno:

— Jesus não precisaria desenvolver o apostolado que exerceu entre nós se a Terra já congregasse anjos e santos. Em verdade, a maioria das criaturas humanas padece de inqualificável cegueira do coração diante da Revelação divina; entretanto, como realizar a obra do aperfeiçoamento geral se alguém não contribuir no áspero serviço da iniciação? Que seria de nós, Pacheco, se o Cristo não se dispusesse a sofrer para nos ensinar o caminho do bem e da vida eterna? A missão da luz é espancar as trevas, a glória do bem é vencer o mal com amor.

O infeliz gritou, em soluços:

— Por que teria de compreender somente agora?

Ricardo, imperturbável, informou:

— Não desesperes. Suporta as consequências do erro e aguarda o porvir infinito. Regressarás mais tarde à escola do mundo e, quando estiveres no círculo da carne novamente, nunca te esqueças de que as missões salvadoras na Terra, quase sempre, chegam vestidas de avental ou de macacão.

Irmão X

25
AOS ESPIRITISTAS[44]

A importância da vulgarização do Espiritismo evangélico destaca-se, sobremodo, em todos os campos da atividade comum.

Não obstante, o avanço científico dos tempos modernos, os cemitérios diariamente recebem vastíssimas contribuições e, na retaguarda dos sepulcros, enfileiram-se os lares vazios e os berços abandonados.

Não somente a guerra devasta os jardins familiares. O gládio da morte visita os agrupamentos humanos, há muitos milênios, desde a tribo dominadora, que se sentia senhora da montanha e do rio mais próximos de sua taba. A tuberculose, por exemplo, devora milhares de existências por ano. A lepra e o câncer consomem vidas sem conta. E a velha ceifeira de corpos, exigente renovadora das formas, detendo maravilhoso poder de ubiquidade, comparece nas cidades populosas e nos vilarejos anônimos e tanto espia os bairros de luxo como os subúrbios infelizes, de onde a higiene se evadiu em virtude das reiteradas invasões da miséria.

---

[44] XAVIER, Francisco Cândido. *Lázaro redivivo*. 2010.

Refere-se o médico à necessidade do soro e da vitamina que restauram as células cansadas. O sociólogo recomenda medidas que atendam à coletividade. O economista pede o aproveitamento do solo e determina a consulta aos mercados internos e externos. O político reclama garantias à organização partidária. O banqueiro examina o câmbio atenciosamente. O geógrafo preocupa-se pela exatidão da estatística. O jurista bate-se pela aplicação das normas legais. O comerciante pede caminhos novos e empenha-se pela concorrência livre na oferta e na procura. O industrial requisita máquinas. Todavia, se os homens usam diariamente o cérebro e o coração, as mãos e os pés, no campo da atividade prática, a morte, igualmente, arrebata-os todos os dias. No quadro das convenções respeitáveis, porém, não há notícia dos que se consagram aos interesses da criatura nesse particular.

Os especialistas em assuntos da espiritualidade, a rigor, seriam os sacerdotes, mas esses, incorporados às grandes plataformas ritualísticas e econômicas, enviam alguns amigos para o céu da ociosidade e mandam 99% dos defuntos para o inferno dos padecimentos sem-fim. Semelhante disparate, contudo, não resolve o problema da dor. Os hospitais continuam cheios de "enfermos de diagnóstico difícil", portadores de nervos relaxados pelo sofrimento; os templos prosseguem repletos de olhares ansiosos que interrogam com desespero, e ultrapassa a lotação dos manicômios, em vista do acréscimo de doentes mentais que perderam o último raio de esperança.

Todos os dias, mães aflitas e noivas angustiadas procuram os cientistas, indagando sobre os que partiram a caminho do mistério; contudo, respondem invariavelmente com o clássico "nada além". Consultados, em referência ao assunto, os filósofos dizem "quem sabe?". E os sacerdotes, chamados a contas, informam que "ninguém voltou".

É natural que o desalento asfixie as almas. Os expositores da ciência não se recordam da lei de renovação incessante e não atentam sequer para a humilde lagarta, que se converte em borboleta. Os estudiosos da Filosofia estimam a dança macabra das hipóteses, acima do passo firme no conhecimento positivo, alimentando velhas tricas, desde os antecessores de Sócrates e, muitas vezes, após devorarem todos os livros e terminarem todas as observações possíveis, acabam duvidando se eles próprios existem. Os padres mecanizam as obrigações do culto externo e são estranhos a qualquer investigação transcendente, olvidando que Jesus regressou do túmulo para esclarecer os discípulos e confortá-las. E se eles, que são os técnicos do serviço religioso, esquecem a ressurreição do Mestre, que apreço poderiam dar à volta de pobres diabos, como nós outros, que tornamos da noite da morte, tentando acordar os amigos que não se acautelam ante a grande viagem do Além?

A indiferença, no entanto, jamais solucionou problemas do destino e do ser. E a incompreensão do transe final continua torturando corações sensíveis.

Dizia Conan Doyle, depois de trinta anos, reconhecer que o assunto com que tanto brincara não se resumia apenas ao estudo de uma força misteriosa, mas que envolvia o desabar de muralhas, entre dois mundos, constituindo a mensagem direta do Além para o gênero humano, na época de sua mais viva aflição.

Entretanto, os homens de coragem moral idêntica à do grande escritor inglês são ainda raros. Muito difícil não encontrar alguém que não possua experiência individual na esfera da imortalidade da alma. Todavia, quase todos os chamados a testemunho cedem ao demônio do medo. Não querem perder os louros e considerações do dia que passa.

É por isso que o esforço dos espiritistas sinceros é profundamente respeitável e sagrado. Felizmente, para eles, não possuem altares exteriores nem garantias materiais. Vencendo dificuldades e tropeços, sobranceiros à ironia do materialismo cômodo de nossa época, seguem, desassombrados, como servidores esparsos de uma vanguarda heroica, que a vulgaridade não vê, nem compreende. Chegam de todas as regiões, surgem de todos os campos sociais, atuam nas línguas mais diversas e levantam, devagarinho, o monumento da vida eterna, vencendo o derradeiro inimigo da humanidade.

***

Sacerdotes da realização positiva, adoradores ativos do Mestre presente, o futuro dirá de vosso serviço generoso, que hoje se desenvolve na obscuridade e no silêncio! Há um Comandante invisível que vos orienta na longa estrada a percorrer... É Aquele que voltou triunfante da morte, há quase dois mil anos, diante do mundo assombrado em Jerusalém.

Afirma um provérbio turco que existem três coisas de que os homens não conseguem escapar — o olhar de Deus, o grito da consciência e o golpe da morte. Se os vossos sacrifícios não bastarem, se a tempestade das paixões sufocar temporariamente a semeadura sublime de vosso esforço, conservai o otimismo e a esperança, porque esses três poderes ocultos falarão por vós, por onde passardes!

Irmão X

26
O AVISO OPORTUNO[45]

— Não há maior alegria que a de doutrinar os Espíritos perturbados — dizia Noé Silva, austero orientador de antiga instituição destinada à caridade —, e não existe para mim lição maior que a dos campeões da mentira e da treva, quando desferem gritos de dor, ante a realidade.

Com a volúpia do pescador que recolhe o peixe, depois de longa expectativa, exclamava, gritante:

— Afinal de contas, outro destino não poderiam esperar os sacripantas do mundo, agarrados ao ouro e aos prazeres, senão os padecimentos atrozes da incompreensão, além da morte.

Sorrindo, triunfante, rematava:

— E, acima de tudo, devem agradecer a Deus a possibilidade de encontrarem a minha palavra sincera e clara. Tenho bastante paciência para aturá-los e conduzi-los para a luz.

Era assim o rígido mentor das sessões. Alma franca e rude, demasiadamente convencido quanto aos próprios méritos.

---

[45] XAVIER, Francisco Cândido. *Contos e apólogos*. 2013.

Mas, na vida comum, Noé Silva transformava a lealdade em vestimenta agressiva. Junto dele, respirava-se uma atmosfera pesada, como se estivesse repleta de espinhos invisíveis.

Analfabeto da gentileza, atirava os pensamentos que lhe vinham à cabeça qual se houvera recebido do Céu a triste missão de salientar os defeitos do próximo.

A palavra dele era uma chuva de seixos.

Se um companheiro demorava-se para a reunião, clamava, colérico:

— Que estará fazendo esse hipócrita retardatário?

Se um médium não conseguia recursos para interpretar, com segurança, as tarefas que lhe cabiam nos trabalhos de assistência, indagava, irritadiço:

— Que faltas terá cometido esse infeliz?

Se o condutor do ônibus parecia vacilar em certos momentos, bradava, impulsivo:

— Desgraçado, cumpra o seu dever!

Se o rapaz de serviço, no café, cometia qualquer leve deslize, protestava, exigente:

— Moço, veja lá onde tem a cabeça!... O senhor permanece aqui para servir...

Se alguém lhe trazia alguma confidência dolorosa, buscando entendimento e consolo, repetia, severo:

— Meu irmão, quem planta colhe. Você não estaria sofrendo se não houvesse praticado o mal.

Na via pública, não hesitava. Se algum transeunte lhe impedia o passo rápido, dava serviço aos cotovelos e, em seus trabalhos profissionais, era sobejamente conhecido pelas frases fortes com que despejava a sua vocação de fazer inimigos.

Se um irmão de ideal lhe exprobrava o procedimento, respondia, célere:

— Se essa gente não puder entender-me as boas intenções, esperá-la-ei nas minhas preces. Depois da morte, todas as pessoas compreendem a verdade...

O tempo rolava, infatigável, quando, no vigésimo aniversário do agrupamento que dirigia, um dos orientadores desencarnados se manifesta, em sinal de regozijo, felicitando a todos.

Um carinho aqui, um abraço ali, o amigo espiritual confortava os presentes, mas, em se despedindo sem dizer palavra ao mentor da casa, Noé, desapontado, perguntou, ansiosamente:

— E para mim, meu irmão, não há qualquer mensagem?

O visitante sorriu e falou, bem-humorado:

— Tenho sim, tenho um recado para o seu coração. Não espere a morte para extinguir os desafetos. Cultive a plantação da simpatia, desde hoje. A nossa fé representa a Doutrina do Amor e a cordialidade é o princípio dela. Não se esqueça do verbo silencioso do bom exemplo, das lições de renúncia e dos ensinamentos vivos com adequadas demonstrações. Se você estima o Espiritismo prático, não olvide o Espiritismo praticado. Você está sempre disposto a doutrinar os ignorantes e os infelizes do Espaço, mas está superlotando o seu espaço mental com adversários que esperam gostosamente o tempo de doutriná-lo.

E num gesto de carinhosa fraternidade, rematou em seguida a pequena pausa:

— Noé, esvazie o cálice de fel desde agora; diminua a reprovação e reduza a extensão do espinheiral... O nosso problema, meu caro, é o de não encher...

A sessão foi encerrada.

E enquanto os companheiros permutavam expressões de júbilo, o arrojado doutrinador, com a cabeça mergulhada nas mãos, permaneceu sozinho, sentado à mesa, pensando, pensando...

Irmão X

27
ANTE A MENSAGEM ESPÍRITA[46]

Discípulo do Cristo, mediante a limpidez da mensagem espírita, não adies a própria renovação, encastelado nas paredes do convencionalismo ou retido nas algemas das paixões.

Identificação com Jesus Cristo é avanço sobre a masmorra do "eu", utilizando as ferramentas poderosas que se encontram ao alcance da vontade.

Não postergues, desse modo, o momento da autossuperação.

Oportunidade transferida, tarefa complicada.

Examina os resultados do conhecimento espírita e verifica se entraste pura e simplesmente na Doutrina, ou se a Doutrina encontrou porta de acesso para se estabelecer no teu coração.

Quando se entra na célula espírita, trava-se contato com o fenômeno mediúnico, com o programa de estudos, com as diretrizes da assistência aos necessitados, com as fichas de compromissos para

---

[46] FRANCO, Divaldo Pereira. *Lampadário espírita*. 1978.

com a sociedade, mediante uma taxa módica, com pessoas, com opiniões...

Quando, porém, a mensagem espírita penetra o coração e se enraíza na mente do discípulo, o panorama é diverso. Possivelmente, os companheiros não observam nas fichas de registros quaisquer apontamentos nem anotações. Os painéis mentais, no entanto, e os arraiais da emoção de imediato se transformam, banham-se de sol, e a paz se aninha, vitoriosa, estabelecendo normativas de felicidade.

O discípulo não se agasta com as ofensas, nem se melindra com os incidentes comuns, à espera de ação onde se encontra; não se acumplicia com o erro, nem se subordina às imposições subalternas; não se entorpece na ideia negativa fixa, nem se precipita no entusiasmo apaixonado...

É comedido e sensato, calmo e confiante, pois que possui os inestimáveis recursos para exame e compreensão dos acontecimentos e das injunções no dia a dia da experiência carnal.

***

Se já permitiste que a Doutrina Espírita se domicilie em tua vida, acende a lâmpada do Evangelho no caminho e afirma, a princípio no lar, a tua nova condição por meio do inequívoco atestado de humildade e resignação.

Se possível, clareia o teu domicílio com o estudo da mensagem espírita e cristã, interessando os familiares na busca pela verdade e pela paz sem jaça.

Sê "homem novo" em todo lugar onde estejas, principalmente quando no trato com servidores humílimos do lar, da oficina de trabalho, da rua, aqueles aos quais mais fácil e impunemente muitos se permitem molestar por impiedade ou desequilíbrio...

Ajuda indistintamente com palavras, ações, ou no recesso do espírito, com pensamentos salutares e orações...

Lembra-te dos que te precederam no retorno à erraticidade e dilata os recursos psíquicos para ajudá-los nas tarefas da desobsessão e do passe.

***

Compreenderás, por fim, que o discípulo da mensagem espírita, quando chega ao núcleo de tarefas, é somente mais um na estatística da Casa; quando, porém, a mensagem espírita penetra em alguém e o transforma, esse aprendiz se faz um festival de bênçãos, esparzindo as concessões excelentes da vida em nome da vida abundante, em favor da humanidade toda, que ruma para a vida excelsa.

JOANNA DE ÂNGELIS

28
ENSINO ESPÍRITA[47]

Se abraçaste na Doutrina Espírita o roteiro da própria renovação, em toda parte és naturalmente chamado a fixar-lhe os ensinos.

Administrador, não te limitarás ao controle de patrimônios físicos, porque saberás aplicá-los no bem de todos.

Legislador, não te guardarás na galeria dos privilégios, porque humanizarás os estatutos do povo.

Juiz, não te enquistarás na autoridade de convenção, porque serás em ti mesmo a garantia do Direito correto.

Médico, não estarás circunscrito ao órgão enfermo, porque auscultarás, igualmente, a alma que sofre.

Professor, não terás nos discípulos meros associados no estudo dos números e das letras, mas verdadeiros filhos do coração.

Negociante, não farás do comércio a feira dos interesses inferiores, mas a escola da fraternidade e do auxílio.

Operário, não furtarás o tempo, no exercício da rebeldia, mas vigiarás, satisfeito, o desempenho das próprias obrigações.

---

[47] XAVIER, Francisco Cândido. *Seara dos médiuns*. 2014. Esta mensagem remete ao estudo do it. 3 de *O livro dos médiuns*.

Lavrador, não serás sanguessuga insaciável da terra, mas recolher-lhe-ás os produtos, ajudando-a, nobremente, a reverdecer e florir.

Seja qual for a profissão em que te situes, vives convidado a enobrecê-la com o selo de tua fé, moldada nos valores humanos, porquanto, na responsabilidade espírita, toda ação no bem precisa ultrapassar o dever para que o ato de servir se converta em amor.

Hoje e agora, onde estivermos, segundo os nossos princípios, somos constantemente induzidos a lecionar disciplinas de entendimento e conduta.

Aqui é a solidariedade, ali é a fidelidade aos compromissos, adiante é a compreensão, mais além, é a renúncia...

Aqui é o devotamento ao trabalho, ali é a paciência, adiante é o perdão incondicional, mais além é o espírito de sacrifício...

Doutrina Espírita, na essência, é universidade de redenção.

E cada um de seus profitentes ou alunos, por força da obrigação no burilamento interior, é obrigado a educar-se para educar.

É por isso que, se lhe esposaste as tarefas, seja esse ou aquele o setor de tuas atividades, estarás, cada dia, ensinando o caminho da elevação, na cadeira do exemplo.

EMMANUEL

29
Aliança espírita[48]

Aliando as sociedades espíritas para salvaguardar a pureza e a simplicidade dos nossos princípios, é forçoso considerar o imperativo da aproximação no campo de nós mesmos.

Decerto, ninguém pode exigir que o próximo pense com cabeça diversa da que possui.

Cada viajante vê a paisagem da posição em que se coloca, e toda posição renova as perspectivas.

União, desse modo, para nós, não significa imposição do recurso interpretativo, mas, acima de tudo, entendimento mútuo de nossas necessidades, com o serviço da cooperação atuante, a partir do respeito que devemos uns aos outros.

***

Iniciemos, assim, a nossa edificação de concórdia, aposentando a lâmina da crítica.

---

[48] XAVIER, Francisco Cândido. *Seara dos médiuns*. 2014. Esta mensagem remete ao estudo do it. 334 de *O livro dos médiuns*.

Zurzir os irmãos de luta é retalhar-lhes a própria alma, exaurindo-lhes as forças.

Se o companheiro fala para o bem, ainda que sejam algumas frases por dia, estende-lhe concurso espontâneo para que enriqueça o próprio verbo; se escreve para construir, ainda que seja uma página por ano, encoraja-lhe o esforço nobre; se consagra energias no socorro aos doentes, ainda que seja vez por outra, incentiva-lhe o trabalho; se consegue dar apenas migalha no culto da assistência aos que sofrem, auxilia-lhe o passo começante nas boas obras; se vive afastado das próprias obrigações, ora por ele, em vez de açoitá-lo, e, se está em erro, ampara-lhe o esclarecimento, através da colaboração digna, lembrando que a azedia agrava a distância.

Educarás ajudando e unirás compreendendo.

Jesus não nos chamou para exercer a função de palmatórias na instituição universal do Evangelho, e, sim, foi categórico ao afirmar: "os meus discípulos serão conhecidos por muito se amarem".

E Allan Kardec, explanando sobre a conveniência da multiplicação dos grupos espíritas, asseverou claramente, no item 334, do capítulo XXIX, de *O livro dos médiuns*, que

> esses grupos, correspondendo-se entre si, visitando-se, permutando observações, podem formar, desde já, o núcleo da grande família espírita que um dia consorciará todas as opiniões e reunirá os homens por um único sentimento: o da fraternidade, trazendo o cunho da caridade cristã.

EMMANUEL

30
A PAIXÃO DE JESUS[49]

O Espiritismo não nos abre o caminho da deserção do mundo.

Se é justo evitar os abusos do século, não podemos chegar ao exagero de querer viver fora dele. Usufruamos a vida que Deus nos dá, respirando o ar das demais criaturas, nossas irmãs.

Para seguir a própria consciência, podemos dispensar a virtude intocável que forja a santidade ilusória.

Não sejamos sombras vivas, nem transformemos nossos lares em túmulos enfeitados por filigranas de adoração.

Nossa fé não é campo fechado à espontaneidade.

Encarnados e desencarnados, precisamos ser prudentes, mas isso não significa que devamos reprimir expansões sadias e não nos abracemos uns aos outros. A abstinência do mal não impõe restrições ao bem.

Assim como a virtude jactanciosa é defeito quanto qualquer outro, a austeridade afetada é ilusão semelhante às demais.

---

[49] XAVIER, Francisco Cândido; VIEIRA, Waldo. *O espírito da verdade.* 2014. Esta mensagem remete ao estudo do Cap. XIX, it. 7 de *O evangelho segundo o espiritismo.*

Não façamos da vida particular uma torre de marfim para encastelar os princípios superiores, ou estrado de exibição para entronizar o ponto de vista.

A convicção espírita não é insensível ou impertinente. A inflexibilidade, no dever, não exige frieza de coração. Fujamos ao proselitismo fanatizante, mas, nem por isso, cultivemos nos outros a aversão por nossa fé.

Se o papel de vítima é sempre o melhor e o mais confortável, nem por isso, a título de representá-lo, podemos forçar a nossa existência, transformando em verdugos, à força, as criaturas que nos rodeiam.

Não sejamos policiais do Evangelho, mas candidatemo-nos a servidores cristãos.

Nem caridade vaidosa que agrave a aspereza do próximo, nem secura de coração que estiole a alegria de viver.

Quem transpira gelo, dentro em breve, caminhará em atmosfera glacial.

A crença aferrolhada no orgulho desencadeia desastres tão grandes quanto aqueles criados pelo materialismo.

Não sejamos companhias entediantes.

Um sorriso de bondade não compromete ninguém.

A fé espírita reside no justo meio-termo do bem e da virtude.

Nem o silêncio perpétuo da meia morte, que destrói a naturalidade, nem a fala medrosa da inibição a beirar o ridículo.

Nem olhos baixos de santidade artificiosa, nem anseio inexperiente de se impor a todo preço.

Nem cumplicidade no erro na forma de vício, nem conivência com o mal na forma de aparente elevação.

Fé espírita é libertação espiritual. Não ensina a reserva calculada que anula a comunicabilidade, constrangendo os outros, nem recomenda a rigidez de hábitos que esteriliza a vida simples. Nem tristeza sistemática, nem entusiasmo pueril.

Abstenhamo-nos da falsa ideia religiosa, suscetível de repetir os desvios de existências anteriores, nas quais vivemos em misticismo acabrunhante. Desfaçamos os tabus da superioridade mentirosa na certeza de que existe igualmente o orgulho de parecer humilde.

O Espiritismo nos oferece a verdadeira confiança, raciocinada e renovadora; eis por que o espírita não está condenado à atividade inexpressiva ou vegetante. Caridade é dinamismo do amor. Evangelho é alegria. Não é sistema de restringir as ideias ou tolher as manifestações, é vacinação contra o convencionalismo absorvente.

Busquemos o povo — a verdadeira paixão de Jesus —, convivendo com ele, sentindo-lhe as dores e servindo-o sem intenções secundárias, conforme o "amai-vos uns aos outros" — a senda maior de nossa emancipação.

EWERTON QUADROS

31
O ESPIRITISMO EM SUA VIDA[50]

Reflita na importância do Espiritismo em sua encarnação. Confrontemo-lo com as circunstâncias diversas em que você despende a própria existência.

Corpo – Engenho vivo que você recebe com os tributos da hereditariedade fisiológica, em caráter de obrigatoriedade, para transitar no planeta por tempo variável, máquina essa que funciona tal qual o estado vibratório de sua mente.

Família – Grupo consanguíneo a que você forçosamente se vincula por remanescentes do pretérito ou imposições de afinidade com vistas ao burilamento pessoal.

Profissão – Quadro de atividades constrangendo-lhe as energias à repetição diária das mesmas operações de trabalho, expressando aprendizado compulsório, seja para recapitular experiências

---

[50] XAVIER, Francisco Cândido; VIEIRA, Waldo. *Estude e viva*. 2013. Esta mensagem remete ao estudo do Cap. I, it. 5 de *O evangelho segundo o espiritismo* e da questão 780 de *O livro dos espíritos*.

imperfeitas do passado, seja para a aquisição de competência em demanda do futuro.

Provas – Lições retardadas que nós mesmos acumulamos no caminho, através de erros impensados ou conscientes em transatas reencarnações, e que somos compelidos a rememorar e reaprender.

Doenças – Problemas que carregamos conosco, criados por vícios de outras épocas ou abusos de agora, que a Lei nos impõe em favor de nosso equilíbrio.

Decepções – Cortes necessários em nossas fantasias, provocados por nossos excessos, aos quais ninguém pode fugir.

Inibições – Embaraços gerados pelo comportamento que adotávamos ontem e que hoje nos cabe suportar em esforço reeducativo.

Condição – Meio social merecido que nos facilita ou dificulta as realizações, conforme os débitos e créditos adquiridos

Segundo é fácil de concluir, todas as situações da existência humana são deveres a que nos obrigamos sob impositivos de regeneração ou progresso. Mas a Doutrina Espírita é o primeiro sinal de que estamos entrando em libertação espiritual, à frente do universo, habilitando-nos, pela compreensão da justiça e pelo serviço à humanidade, a crescer e aprimorar-nos para as esferas superiores.

Pense no valor do Espiritismo em sua vida. Ele é a sua verdadeira oportunidade de partilhar a imortalidade desde hoje.

André Luiz

32
A CONCLUSÃO DA PESQUISA[51]

Companheiro espírita, que não entendes ainda nos princípios do Espiritismo?

A singela pergunta surge com imensa importância, porque, sem o necessário entendimento do Espiritismo, há sempre falhas na utilização do estágio terrestre.

É imprescindível assimilar a Doutrina Espírita nas entranhas da própria alma para que seja vivida nas ações cotidianas.

Para senti-la, porém, urge compreendê-la, raciocinando.

Com todos os ensinamentos excepcionais divulgados pelas ciências e pelas filosofias da atualidade, não encontrarás a explicação das Leis que orientam a vida eterna, tanto quanto na intimidade da fé positiva que esposamos.

Quase todos os setores da existência humana já foram motivos para revelações espirituais.

---

[51] VIEIRA, Waldo. *Seareiros de volta.* 1968.

Quase todos os fenômenos que sensibilizam a consciência já receberam na Terra essa ou aquela palavra esclarecedora do Mais-além.

Mas o ideal espírita só abrasará o mundo se o acendermos no imo do próprio ser. Evitemos a derrota prévia das almas amodorradas na rotina e construamos o templo do estudo.

Ócio é coágulo da vida.

Não te contentes em declarar que conheces os postulados que abraças. Aprendizado não decorre de geração espontânea.

Analisa o teu conhecimento doutrinário nas horas de decisão. Em tais circunstâncias é que demonstrarás para ti mesmo e para os outros como se te gradua o brilho do Espiritismo no âmago da razão.

E faze testes rigorosos contigo, medindo a própria aplicação; abre indiscriminadamente um compêndio básico de Doutrina e verifica se dominas o assunto tratado nas páginas descerradas.

Visita uma biblioteca espírita e observa quantos volumes já analisaste com atenção.

Ouve um orador e repara se estás percebendo o conteúdo das palavras pronunciadas.

Considera qual o esforço que despendes por dia, por semana ou por mês, para realizar esse ou aquele estudo pessoal dos princípios que esposas.

Sopesa como e quanto já favoreceste, sem imposição, a benéfica renovação dos parentes, amigos e colegas que te cercam.

O homem não deve ser espírita apenas por inclinação.

Os emissários espirituais dos planos divinos não ditam mensagens, desde os albores da Codificação Kardequiana, somente com interesse literário. Visam a elevado fim: a instrução da humanidade.

Por esses e por outros motivos, reconhecemos o acerto da opinião indiscutível dos excelsos dirigentes do Espiritismo, nas esferas superiores, que, após minuciosa pesquisa, chegaram à conclusão de que, junto às calamitosas quedas morais e às deserções deploráveis de numerosos companheiros responsáveis pelo serviço libertador, entre todas as causas que dificultam a marcha da Nova Revelação na Terra, destaca-se, em posição de espetacular e doloroso relevo, a preguiça mental.

IGNACIO BITTENCOURT

33
Espíritas pela segunda vez[52]

O número dos reencarnados detentores de conhecimento anterior do Espiritismo aumenta e aumentará a cada dia.

Quanto mais a individualidade consciente mentalize o mundo espiritual numa vida física, mais facilidades obtém para lembrar-se dele em outra.

A militança doutrinária, o exercício da mediunidade ou a responsabilidade espírita vincam a alma de profundas e claras percepções que transpõem a força amortecedora da carne.

Os princípios espíritas, a pouco e pouco, automatizar-se-ão no cosmo da mente, através de reflexos morais condicionados pela criatura, assentados no sentimento intuitivo da existência de Deus e no pressentimento da sobrevivência após a morte que todos carregam no imo do ser.

---

[52] VIEIRA, Waldo. *Seareiros de volta*. 1968.

Daí nasce o valor inapreciável da leitura, da meditação e da troca de ideias sobre as verdades que o Espiritismo encerra e a sua consequente realização no dia a dia terrestre.

Estudar e exercer as obrigações de caráter espírita é construir para sempre, armazenar para o futuro, libertar-se de instintos e paixões inferiores, rasgar e ampliar horizontes e perspectivas que enriqueçam as ideias inatas, destinadas a se desdobrarem quais roteiros de luz, na época da meninice e da puberdade, nas existências próximas.

A maior prova da eternidade do Espiritismo nos caminhos humanos é essa consolidação de seus postulados na consciência, de vida em vida, de século em século, esculpindo a memória, marcando a visão, desentranhando a emotividade, sulcando a inteligência e plasmando ideias superiores nos recessos do Espírito.

A Terra recepciona atualmente a quinta geração de profitentes do Espiritismo, composta de número maior de criaturas que receberão a responsabilidade espírita pela segunda vez. Esse evento, de suma importância na Espiritualidade, reclama vigilante dedicação dos pais, mais viva perseverança dos médiuns, mais acentuada abnegação dos evangelizadores da infância, maior compreensão de todos.

Um exemplo de alguém, uma página isolada, um livro que se dá, um fato esclarecedor, uma opinião persuasiva, uma contribuição espontânea, erigir-se-ão, muita vez, por recurso mais ativo na excitação dessas mentes para a verdade, catalisando-lhes as reações de reminiscências adormecidas que ressoarão à guisa de clarins na acústica da alma.

Amigo, o Espiritismo é a nossa Causa comum.

Auxilia os novos-velhos mergulhadores da carne, divide com eles os valores espirituais que possuis. Oferece-lhes a certeza de tua convicção, a alegria de tua esperança, a caridade de tua ação.

Se eles descem à tua procura, é indispensável que recordes que esses companheiros reencarnantes contigo e o teu coração junto deles "serão conhecidos", na Vida maior, "por muito se amarem".

CARLOS LOMBA

34
Trabalhadores sem trabalho[53]

Descruzemos os braços inertes. Espiritismo é trabalho.

Auxiliemos o companheiro que frequenta o templo doutrinário há dois meses e ainda não se localizou em algum setor construtivo.

Quantas inteligências em disponibilidade por não encontrarem ensejo à expansão de suas qualidades positivas, em favor dos semelhantes!

Amparemos os corações inflamados de idealismo nobilitante em torno dos quais pendem mãos vazias de boas obras.

O espírita que se encontre realmente disposto a servir é induzido a colaborar no bem dos outros, filiando-se a determinado núcleo de ação, de preferência aos serviços gerais de uma organização doutrinária que se erige espontaneamente em centro aglutinador de tarefas edificantes.

---

[53] VIEIRA, Waldo. *Seareiros de volta*. 1968.

Se militas na seara da Nova Revelação, oferece sugestões de serviço aos que permanecem na construção da fé, absolutamente distantes da prática dos princípios que esposam.

Encontram-se muitos irmãos à tua espera!

Procura-lhes o devotamento, testemunha-lhes confiança!

Se já sabes dar um copo d'água pura ao necessitado e uma frase de conforto ao aflito, já dispões de certa autoridade moral para convidá-los a partilhar-te as obrigações.

Relanceia o olhar através da família espírita, que te compõe o grupo fraterno.

Quantos lidadores, pejados de conhecimentos honrosos, mas amodorrados na inibição! Todos eles, sem dúvida, te aguardam a nota de incentivo e parceria na atividade a desenvolver.

Quantas irmãs, trabalhadas por teorias e sonhos, almejando responsabilidades definidas no movimento! Todas te aguardam o apontamento encorajador e a designação do caminho.

Quantos jovens, estuantes de vigor e de entusiasmo, que não prestam concurso específico em lugar algum! Sonda-lhes os desejos e perceberás que quase todos suspiram por tua mensagem de condução e de entendimento.

O veterano é sempre o polo indutor que segue à frente.

Há legiões de oradores e professores, jornalistas e assistentes sociais, médiuns e doutrinadores potenciais, em toda parte, encobertos pela timidez ou desaproveitados por ausência de estímulo. Descobre-lhes os talentos com teu gesto de carinho, revela-lhes os recursos preciosos, endereçando-lhes atenção.

Cultiva a espontaneidade afetiva para com todos aqueles que ainda não a possuem.

Desperta com bondade os que dormitam no ideal inoperante.

Atende-os com alegria.

A oficina do bem pede colaboradores que lhe acatem as ações incessantes.

Abstém-te de condenar aqueles que se acomodam à posição de meros ouvintes. Auxilia-os de boamente.

Não lhes menosprezes a condição de espectadores. Convida-os a cooperar com Jesus.

Lembra-te de que há muitos que anseiam por simples aceno, por uma palavra esclarecida, por essa ou aquela lembrança afetuosa ou por rápida indicação amiga de tua parte para abraçarem o trabalho e produzirem o melhor.

FRANCISCO SPINELLI

35
Lutas na equipe[54]

Qual ocorre na turma de escola, o atormentado momento da auscultação de valores chega sempre para a equipe de ação espiritual.

*

No estabelecimento de ensino, é o exame periódico das matérias professadas.
No grupo de realizações da alma, é o tempo de provação a se definir por expressões diversas.

*

Perplexidade é desequilíbrio nos setores mais altos do ideal.
Laboriosa travessia de atoleiros do sentimento.
Verificação de pontos fracos.
Contagem de perdas e danos depois dos acidentes de natureza moral.
Chegada a ocasião perigosa, ouvem-se escapatórias apressadas:
— Não tenho culpa.

---
[54] XAVIER, Francisco Cândido. *Rumo certo*. 2013.

— Não é comigo.
— Estou fora.
— Nada sei.

A organização se converte para logo em viveiro de farpas magnéticas, conturbando e ferindo os próprios componentes.

Entretanto, é preciso contar com isso. Construção exige marteladas.

Aprendizado pede demonstrações.

Obstáculo é o metro da resistência.

Tribulação é cadinho da fé.

Nem azedume nem irritação.

No instante do testemunho, saibamos simplesmente reparar o caminho estragado e seguir adiante.

*

Hora de mais luta é também hora de mais trabalho para que a paz se estabeleça.

*

Imunizemos o grupo contra a perturbação, acusando a nós mesmos, acentuando a nossa responsabilidade e aprendendo com o fracasso.

Somos ainda no mundo Espíritos imperfeitos e, sem a dificuldade, de nenhum modo conseguiríamos segurança e autossuperação.

Convençamo-nos de que a crise é a mestra da experiência e sem experiência, em qualquer empresa edificante da Terra, é impossível melhorar e compreender, servir e perseverar.

EMMANUEL

36
ESPÍRITAS![55]

Conscientizemo-nos de que a Doutrina Espírita é obra de restauração do Cristianismo em favor do mundo, descortinando-nos iluminado porvir.

Em sua missão de Consolador, permanecerá entre os homens, brunindo mentes e corações para que a ciência e o sentimento, equilibrados, impulsionem, de fato, o progresso da humanidade.

Não nos amesquinhemos na pretensão de que seu âmbito de benefícios circunscrever-se-á mais diretamente à Pátria do Cruzeiro, categorizando-nos, deste modo, em povo-elite da Terra. Longe disso, somos Espíritos devedores, ajustados à gleba comum de nosso aperfeiçoamento e convocados a cooperar na sementeira do Bem, onde os favores recíprocos nos reunirão esforços em prol da evolução de nosso orbe.

Em face, pois, de nossas responsabilidades maiores, providenciemos, sobre o lastro da fé legítima, a obra da cristianização das criaturas, principiando de nós mesmos o glorioso apostolado do Amor.

---

[55] *Reformador*, set. 1976. Página psicografada pelo médium Júlio Cezar Grandi Ribeiro, na reunião do Conselho Federativo Nacional, em Brasília, em 24.jul.1974.

Evangelizar o homem é garantir o equilíbrio do mundo!

Longe a segregação de ungidos; fora as conceituações separatistas; rejeição ao individualismo no jogo de opiniões facciosas que nada dizem respeito à missão do Paracleto na seara de nossos corações.

Os mensageiros da Verdade, formando legiões de luz e de amor, de justiça e liberdade, postaram-se junto a Kardec, propiciando-nos a Codificação Espírita que, desde albores, traz as marcas da união e do cooperativismo, da fidelidade ao Pai e da disciplina nos círculos da existência, como senhas de sublimadas aspirações.

O Espiritismo, desde suas origens, é congraçamento de muitos visando a uma confraternização de todos pelo reino do Senhor. Daí enfatizar-se, veementemente, os imperativos da unificação do Movimento Espírita como fortalecimento de objetivos comuns em torno do Cristo.

Mas a unificação de fato não será alcançada sem os preparativos que se impõem. Torna-se imprescindível estabelecer novos padrões de fraternidade e de entendimento, semeando-se no terreno propício, acolhedor, indene de preconceitos e imaculado de viciações qual o coração infantil. Aí a fase mais propícia do Espírito encarnado para receber as sementes da união que, com justos motivos, anelamos para a Causa Espírita.

A cumeeira do edifício jamais antecederá as efetivações dos alicerces.

Pretender integração de vontades de adultos, diversificadas em experiências já vividas será, talvez, acalentar sonhos dourados em ninhos de quimeras. Porém, educar o homem com vistas à união e à fraternidade será despender esforço valioso e bem conduzido, levando a criança pelos trilhos do equilíbrio, em cuja luz o moço divisará as veredas da paz que tranquilizará seu prosseguimento da madureza à velhice.

A criança é promessa.

O jovem é esperança.

Para que as construções do Cristianismo Redivivo se desenvolvam, grandiloquentes, em favor do mundo, não prescindiremos dos alicerces opimos, construídos a partir do coração infantil e da mente jovem.

Divulguemos a mensagem consoladora que as vozes celestes nos prodigalizaram por sustentáculos às provações.

Popularizemos, junto dos romeiros da dor, nos cenários das humanas experiências, a Mensagem do Cristo, confortadora e luminosa.

Contudo, marchemos sustentando a tarefa da evangelização, com base na criança e no jovem, a fim de diminuir o surto de sombra e delinquência que assola a humanidade.

Se reconhecemos no Brasil o celeiro de esperanças dos Céus destinado a garantir o avanço porvindouro do mundo; se nos conscientizamos de que fomos conclamados a partilhar a oficina da cooperação no abençoado fulcro da redenção da Terra, onde a Terceira Revelação tem assentados seus pilares, colaboremos na obra da evangelização das criaturas.

Cristianizar é o mesmo que educar, preparando a humanidade para o alvorecer de uma nova civilização.

Como toda ação educativa se desenvolve do berço à sepultura, mobilizemos a Revelação Espírita, cônscios de que estamos arregimentando alfaias de conhecimento nos campos da cultura. Antes, porém, estamos construindo em nós a estrutura indispensável ao raciocínio da fé, autenticando em nossa intimidade os pilares da vera sabedoria e do amor legítimo, capazes de nos reerguer do lodo da Terra às culminâncias da luz de Deus.

Sustentar a obra da Doutrina Espírita no burilamento moral do indivíduo será garantir a presença da Luz do Evangelho que iluminará o mundo a partir de cada um de nós.

GUILLON RIBEIRO

37
TAREFAS[56]

Estamos convictos de que a Doutrina Espírita, se nos favorece o engrandecimento do coração no cadinho das experiências vividas, igualmente nos enseja a exaltação da inteligência, situando-nos entre o estudo e a meditação a fim de que a sabedoria nos inspire a seleção dos valores morais que iluminem o Espírito.

Assim, mobilizemos razão e bom senso, verificando nosso posicionamento nas lides espiritistas, de forma a valorizar o tempo em nós, ante as realizações que realmente nos competem.

A acomodação ao empirismo entremeado de êxtases do sentimento não se coaduna com a hora presente, a exigir reflexão e amadurecimento que estabelecem transformação de base.

O coração que se identificou com a grandiosidade do vero Cristianismo, recolhendo os favores da Boa-Nova, convocará, de imediato, o concurso do cérebro para que a razão, trabalhando, venha contribuir com a argamassa do bom senso nas estruturas sólidas das convicções legítimas.

---

[56] *Reformador*, dez. 1976. Página psicografada pelo médium Júlio Cezar Grandi Ribeiro, em reunião pública da Casa Espírita Cristã, Vila Velha (ES), em 19.ago.1969.

Não podemos compreender Doutrina Espírita sem estudo continuado e perseverante, como jamais entenderemos espiritistas sem tarefas determinadas no grande movimento de renovação de almas.

Trabalho é senha abençoada dos que efetivamente escancaram as portas do coração a Jesus, desejosos de perpetuar em si mesmos as claridades esfuziantes da fé. E fé sem obras representa caos, estagnação, fragilidade.

Estamos, na vida, convocados a aprender e ensinar, simultaneamente, abraçando responsabilidades do dia a dia a fim de participarmos das conquistas da sabedoria e do amor.

Repara, contudo, que a obra da natureza, refletindo a sabedoria do Pai, nos convoca à especialização de tarefas, tendo em vista a ampliação dos resultados.

O Sol encarregou-se da luz e da energia, confiando-se o trabalho de sustentar a vida com o calor de seus raios fecundantes.

O solo aquiesceu aos encargos de nutrição da semente, para que o vegetal se alteasse na produção do alimento.

E as árvores se agruparam em espécies distintas, trazendo frutos sazonados ao grande celeiro da existência comum.

Há ordem nos céus e disciplina na Terra, favorecendo a mensagem do equilíbrio nas leis da natureza.

Posicionemo-nos como servidores leais do Cristo na seara da Terceira Revelação, abraçando responsabilidades nossas, certos de que não há tarefas maiores ou menores. Todas dignificam o obreiro do bem e da luz ante a sublime essência com que se revelam.

O movimento espiritista, que cresce para vantagens do mundo, está a exigir cooperação especializada, objetivando os fins desejados na evangelização do homem.

Depois da primeira hora, aquela do despertamento para as realidades do existir, será indispensável vivermos a cooperação enobrecedora, evitando esbarrar com os impedimentos do fanatismo ou da contemplação extasiada.

Produziremos efetivamente melhor, segundo os potenciais de nossas especializações.

A mediunidade reclamará disciplina e adestramento, matriculando o servidor legítimo nos campos de sua especialidade fenomênica.

O esclarecimento doutrinário eficiente requisitará o concurso da palavra enobrecida no vernáculo escorreito e iluminada pelo sentimento nobre que jamais se omite de reforçar o que ensina pelos potenciais do exemplo.

A evangelização de crianças e jovens contará com a participação de servidores adestrados na arte de ensinar e transmitir, que se buscarão atualizar, permanentemente, reconhecidos de que a obra de orientação humana exigirá devotamento e circunspecção.

Os serviços de auxílio espiritual, seja na tarefa do passe, seja na distribuição de água fluidificada, preconizarão o concurso dos doadores do magnetismo curativo.

A obra da divulgação da Doutrina, seja por qual veículo se expresse, exigirá colaboração dedicada e eficaz, quer pela palavra falada, quer pela mensagem escrita, objetivando os fins a que se propõe.

O serviço social, mobilizado em nome da caridade, convocará especialistas da assistência fraterna para as oficinas do socorro justo, onde mãos diligentes refulgirão por estrelas de fraternidade e devotamento.

Não se agaste ante o tempo que jamais ousaremos ludibriar.

Recorde que a tarefa nobilitante será, agora e sempre, o melhor antídoto contra as aflições que enxameiam o mundo.

Bater às portas da Instituição Espírita para receber é ocorrência da primeira hora de nosso despertamento. Porque somente o trabalho cooperativo será o incansável buril, reajustando-nos o equilíbrio interior.

Identifiquemo-nos com a tarefa individual que nos compete desenvolver, enquanto o Mestre excelso estará dirigindo as realizações coletivas que demarcarão na Terra os alicerces indefectíveis do almejado reino do Senhor.

GUILLON RIBEIRO

38
Considerações Oportunas[57]

Os Centros Espíritas assumem incontroverso destaque no domínio das consolações aos infortúnios humanos.

Auxilia-nos a crença ativa, divulgando as bases da Verdade. E iluminando-nos os raciocínios da fé, incita-nos o coração a vibrar com o Amor para sentir com Jesus.

Em razão disso, o espírita não apenas admite, estuda, investiga, analisa, compara, para concluir, com convicção, que a tarefa de iluminação interior é assunto pertinente a cada indivíduo.

A grande maioria dos religiosos, entretanto, assimilando as características dogmáticas das religiões instituídas, pretende alcançar favores celestes, julgando-se credores de Deus, ante singelos esforços apontados por fórmulas teologais. Lamentável equívoco!

Os cultos e as celebrações exteriores podem expressar testemunhos da fé, mas se apenas falam dos sentidos carecem de significado

---

[57] *Reformador*, ago. 1977. Página psicografada pelo médium Julio Cezar Grandi Ribeiro na reunião pública da Casa Espírita Cristã, Vila Velha (ES), 30.mar.1977.

essencial que deve nortear todo esforço religioso. A Religião há de promover transformação interior no indivíduo, conscientizando-o de que toda reforma moral nascerá no seu íntimo.

O coração iluminado refletirá comportamentos cristãos que se exteriorizam, habitualmente, nos exemplos de toda hora.

Não obstante tais conhecimentos, observam-se muitos aprendizes do Espiritismo na ilusória passividade de que a frequência regular a reuniões doutrinárias, o auxílio recebido do serviço de passes, os benefícios alcançados no uso da água fluidificada, de permeio com algumas revelações do mundo além, já os categorizam como eleitos da Vida maior. Egressos de tradicionais experiências do convencionalismo religioso, comportam-se, naturalmente, de modo a se encaminharem para a recapitulação das mesmas experiências de antanho, vivendo a crença de superfície e aparências, embrenhando-se por idênticos caminhos de frustração e desespero.

O simples comparecimento às igrejas não representa testemunho de fé verdadeira, como a habitual presença nas reuniões espíritas, tantas vezes transformadas em consultório de trivialidades ou petitório irreverente, jamais expressará avanço na crença raciocinada.

Há fundamental oposição entre o hábito social de aparente religiosidade e a vivência da fé legítima que conduz o indivíduo à participação integral no culto cristão.

Buscar Deus através de exteriorizações comezinhas e superficialidades rotineiras é engano pernicioso, do qual nos devemos eximir por força dos esclarecimentos, sem sofismas, que a Verdade veiculada pela Doutrina Espírita nos tem proporcionado abundantemente.

As igrejas do passado foram pouco mais que admiráveis depósitos de ex-votos e exéquias à crença anêmica, transviada e caótica.

Os templos do presente hão de ser redutos da fé operante, onde o ser humano mobilize energias interiores por sua clarificação espiritual.

Assim, também devemos posicionar e encarar o Centro Espírita nos dias que correm: escola de luz para o Espírito, fonte de reflexões sadias para a maturidade espiritual, fulcro de incentivo e estímulo à renovação do indivíduo, cristianizando corações e mentes.

Ser espírita não é, pois, mera ação contemplativa ante páginas e livros, médiuns e expositores, operários da beneficência e instituições; nem será presença estática nos encontros para oração conjunta ou, muito menos, a simples aceitação das verdades transcendentes que a Revelação se nos exibe.

Espiritismo vivenciado é, sobretudo, o esforço palpitante, interessado, estudioso, motivador, atuando a cada momento na moral do indivíduo, educando-o sem reservas, transformando-o para a legítima condição de homem de bem.

Alertem-se, dessa forma, as Sociedades Espíritas no sentido de intensificar, sem restrições, a tarefa de esclarecimento e do ensino à luz da Doutrina Consoladora. Não para conquistar neófitos, nem dilatar proselitismo, pois Espiritismo jamais se coaduna com catequeses ou imposições.

O esclarecimento ilumina a consciência tanto quanto o ensino orienta e proporciona conteúdos indispensáveis à educação.

Abençoada a mobilização da mediunidade, capaz de interpor-se junto às dores do caminho sombrio com os recursos sublimes da terapia de sustento e conforto espiritual.

Imprescindível, contudo, será a assimilação da Doutrina, adestrando-se a palavra útil nos rumos do ensino inadiável e orientador.

Essa será a ação preventiva contra grandes males que comprometem o porvir da humanidade, levando-se em conta o desleixo moral que evidenciamos nos dias atuais.

Guillon Ribeiro

39
Zelo doutrinário[58]

Sob os imperativos da lógica e ante a evidência dos fatos, o Espiritismo vem amparando, celeremente, um progressivo número de almas a se entrincheirarem seus abençoados campos de fartas consolações.

Apresta-se o Paracleto em espargir as luzes do Cristianismo Redivivo por toda a Terra, acolhendo corações angustiados e inseguros, aflitos e descrentes, atemorizados nos sítios de resgates das experiências humanas.

É a ação norteadora do tempo, que em nada se relaciona com as campanhas de proselitismo que o mundo sempre conheceu nos diversificados domínios das religiões.

Com isso, não padece dúvidas, cresce a responsabilidade dos espíritas, a fim de que uma eficiente vulgarização dos ensinos de Jesus alcance, proveitosamente, os trabalhadores da hora undécima.

Há grande júbilo em observaram-se as instituições espíritas ativas, equilibradas e seguras em suas aspirações, revivendo a

---

[58] *Reformador*, jul. 1977, p. 215. Mensagem psicografada pelo médium Júlio Cezar Grandi Ribeiro, em reunião pública da Casa Espírita Cristã, Vila Velha (ES), na noite de 14.abr.1969.

Boa-Nova nos dias conturbados de nosso orbe e oferecendo subsídios doutrinários ao raciocínio da fé, prodigalizando, assim, a legítima assistência espiritual.

Quantas apreensões, porém, nos conturbam as esperanças, quando verificamos a proliferação, nos quadros estatísticos, de agrupamentos com simples rotulagem espírita agregando almas inexperientes e desavisadas, mas que, fundamentalmente, se encontram distanciados do verdadeiro sentido da Doutrina!...

A superficialidade com que caminham, sem estudo nem bom senso, mas nos arrebatamentos dos sentidos, pelos quadros da fenomenologia mediúnica desfigura a missão essencial que o Espiritismo traz em nossos dias, com inequívocos prejuízos para a posteridade.

A multiplicação dos núcleos espíritas é de subida importância para o movimento de redenção de almas, desde que se não descuide da vigilância e do equilíbrio, acautelando-se, as instituições mais antigas e as mais recentes, na preservação do conteúdo inalienável do Consolador Prometido como obra da verdade para a luz no mundo.

Reunião espírita não é festa para os olhos ávidos por fenômenos triviais. É encontro de corações sedentos de paz e entendimento da vida, procurando despertar para a eloquente percepção espiritual com Jesus.

***

Aqueles que detêm os encargos diretivos das instituições espíritas não podem se descurar do manuseio das obras doutrinárias para o estudo renovador.

As fontes basilares do Espiritismo permanecem inesgotáveis em alertamentos e informações, ensino e condução, conclamando os espíritas, de fato, à leitura e releitura dos textos codificados pelo insigne Professor Rivail, evitando-se distorções prejudiciais para nossos pósteros.

Somente assim tomaremos posição consciente no Movimento Espírita, não nos permitindo incursionar por desvios lamentáveis ou falir em ciladas das sombras tão próximas de nosso passado.

A excelência da Codificação Kardequiana não nos deixa entrever para os núcleos outro ambiente senão aquele onde a mensagem de Jesus seja expressa em espírito e verdade, longe de convencionalismos perturbadores, congregando corações na mesma fidelidade ao Senhor.

Os encontros doutrinários, no Espiritismo, devem rememorar as assembleias singelas e devotas do Cristianismo nascente, evitando-se os estímulos aos sentidos materiais para que a vigília espiritual se fortaleça, proporcionando à mente raciocínios de conforto e segurança que a Doutrina Espírita detém em seus celeiros de consolação.

Zelo doutrinário não traduz estagnações rotineiras no tempo, nem significa reação sistemática aos avanços do progresso em suas múltiplas facetas, acrisolando o Movimento Espírita sob causticantes arremetidas de personalismos e vaidades. Importa, antes de tudo, considerar-se o apuro na divulgação do conteúdo espírita para que a mensagem de conforto e soerguimento alcance, de modo substancial, os que perambulam pelo mundo, aflitos e sobrecarregados.

Às casas espíritas acorrem inumeráveis corações em desespero e padecimento, desejosos de sorver a linfa preciosa da paz, que reflete segurança, e do esclarecimento, que representa bem-estar. Tão logo experimentam os primeiros lenitivos, reabastecendo-se para a caminhada, engajam-se no agrupamento fraterno, mas passam a recapitular experiências pretéritas promovendo, ante a desatenção dos companheiros, enxertias descabidas e perigosas, mutilando ou desfigurando o corpo doutrinário tão inspiradamente codificado pelo bom senso de Kardec.

Zelar pela Doutrina será propugnar pela íntegra divulgação do Paracleto, conscientizando almas em torno de seu abençoado mister, como aquela indefectível mensagem do Céu em favor do mundo.

Preservar a pureza doutrinária é dever de todos quantos, conscientemente, perlustram o acervo de ensinamentos que identificam o cerne da Codificação.

Defender a integridade da Terceira Revelação será impedir as incrustações aparentemente inofensivas, mas que poderão, de futuro, deteriorar, irreversivelmente, a missão do Consolador Prometido junto aos trilhos humanos.

Precaução na palavra que ensina, desvelo na mensagem que elucida, apuro no livro que divulga, diligência na reunião que conforta, responsabilidade nos testemunhos de cada hora, são facetas da identificação espírita.

Espírita sincero será, em verdade, o discípulo vigilante divulgando, com clareza de intenções e segurança no dever, os ensinos de Jesus pelo bem de todos.

Mas espírita cauteloso será todo aquele obreiro do Bem dilatando a fé e esperança junto aos carentes de luz do caminho, alimentando corações nos tesouros espirituais que o Pai tem reservado para seus filhos na vida e buscando, sobretudo, a transformação moral que lhe norteará o Espírito para os cimos do amor.

Guillon Ribeiro

40
GRUPOS MEDIÚNICOS[59]

A mediunidade é comparável a sublime talento que o Senhor concede às criaturas no mundo, responsabilizando-as com o dom de auxiliar e servir, amar e compreender.

Não se trata de privilégios dos espíritas, nem apanágio do Espiritismo, conquanto, na atualidade, somente a Doutrina Espírita se veja mais bem capacitada para compreender a mediunidade em suas sublimes destinações de porta-voz dos céus na orientação dos destinos humanos. Por isso mesmo, prescreve-lhe todo um roteiro de atividades enobrecedoras pela cristianização do homem e redenção do mundo.

Obviamente, a organização de grupos mediúnicos é desiderato natural das instituições espíritas, voltadas para a ação integral de seus deveres precípuos nas comunidades onde se acham implantadas.

O intercâmbio salutar com o mundo espiritual representa célula de inestimáveis realizações em que a caridade, pontificando, vivifica o "amai-vos uns aos outros".

---

[59] *Reformador*, jun. 1977. Mensagem recebida pelo médium Júlio Cezar Grandi Ribeiro, em reunião pública da Casa Espírita Cristã, Vila Velha (ES), em 12.out.1970.

Ampliar os recursos mediúnicos, sob a inspiração de Jesus, congregando cooperadores para o socorro justo aos semelhantes em dificuldades, significa, por certo, dilatar, nos corações, os anseios espontâneos de servir.

Importa considerar, entretanto, que, se o grupo mediúnico funciona qual campo de pouso dos emissários da Luz, não deixa de ser, também, o pronto-socorro para atendimento fraterno a Espíritos aflitos e sofredores requisitando auxílio de urgência. Se estes comparecem às reuniões específicas à feição de indigentes espirituais, inadaptados que se encontram às novas condições de vida, os primeiros nos visitam por amor, inspirados nos mais amplos misteres da caridade.

São eles os pastores incansáveis do Bem, arrebanhando ovelhas tresmalhadas do divino aprisco e conclamando os encarnados ao zelo e à vigilância imprescindíveis aos serviços com o mundo espiritual.

Certo, os espíritas conscientes não desconhecem que a mediunidade traduz exaustiva oficina de provação e renúncia para os que a recebem em favor de sua redenção. Mas, via de regra, negligenciam, sonegando à tarefa aquela contribuição equilibrada e diligente.

Aos grupos mediúnicos não bastam horários rígidos, estabelecidos a portas fechadas em nome da disciplina, demarcando início e término dos encontros regulares com o plano espiritual. Também, não são suficientes as regras de conduta, impostas aos seus frequentadores, como garantia de eficiência no relacionamento salutar entre os dois planos da vida.

Disciplina e estudo, vigilância e equilíbrio, moralidade e devotamento, estarão, naturalmente, nas bases de toda realização da mediunidade. Imprescindível, porém, será promover no grupo a verdadeira consciência espiritista, esta que determina sem constranger, alerta sem magoar, convoca sem oprimir, esclarece sem melindrar, responsabiliza sem cercear a liberdade que favorece a seleção de nossos caminhos segundo os ditames do livre-arbítrio que direciona destinos.

Quando o agrupamento mediúnico prossegue às expensas da vigilância de reduzidos companheiros inclinados, por circunstâncias várias, a policiar comportamentos dos demais cooperadores encarnados desprovidos de suficiente maturidade para os encargos do serviço nobre, desgasta-se no tempo, cresta-se entre azedumes, mostra-se incapacitado para as tarefas do auxílio eficaz, minguando as esperanças de devotados Obreiros do Mundo Além que se avizinham dele para a colaboração indispensável do êxito do programa assistencial.

Rompe-se, então, quase sempre o equilíbrio do conjunto, deturpando-se a fé por incapacidade de raciocinar, enquanto medram enredamentos perniciosos do fanatismo comprometedor.

Somos carentes do sustento da ordem e da força da oração quando nos entregamos aos serviços mediúnicos. Dessa forma, podemos entender que a rotulagem espírita da instituição não nos preservará do assédio dos "falsos profetas da erraticidade" sempre dispostos a confundir e boicotar os leais servidores da Terceira Revelação.

O grupo mediúnico, departamento de amor ao próximo, não poderá, como os demais de uma sociedade espírita, ser dinamizado sobre improvisações de rotina ou arroubos do entusiasmo exuberante.

Exigir-se-á, de quantos lhe partilhem a escola do devotamento ao próximo, esforço consciente e espírito de renúncia que a todos gratifiquem com a excelência das boas obras em nome de Jesus.

Do contrário, com enorme desapontamento e indisfarçável insatisfação, encontraremos os grupos mediúnicos, ao longo do tempo, transformados em destilarias de sombras e subjugações maléficas, agindo quais cupins na seara incauta, forjando o aniquilamento da crença ou a desmoralização dos próprios núcleos espíritas aos quais se vinculam.

Consideramos, assim, de atual interesse para todo grupo mediúnico afinizado com estudo e trabalho, disciplina e prudência, as recomendações de vigilância que o apóstolo João preceitua em sua Primeira Epístola (cap. IV, v. 1):

"Meus bem-amados, não creiais em qualquer Espírito; experimentai se os Espíritos são de Deus, porquanto muitos falsos profetas se têm levantado no mundo."

GUILLON RIBEIRO

41
DIVULGAÇÃO DOUTRINÁRIA[60]

A Doutrina Espírita, conquanto não se arroje à seara do proselitismo nefasto, albergando descalabros da catequese inconsequente, jamais se exonera da responsabilidade e do dever de divulgar, honestamente, as revelações do Alto, objetivando os mais amplos horizontes da iluminação da humanidade.

Todo um repertório de verdades ao alcance da razão ativa e do sentimento que se burila, ei-la, qual archote de esplendente luz, destacando-se nos altiplanos do conhecimento e da fé, da cultura e da crença, da sabedoria e do amor, para melhor posicionar-se nas tarefas que lhe compete de clarear as estradas da vida.

Consolador inigualável, busca o âmago das dores superlativas, providenciando conforto interior e segurança na aflição, a dizimar o flagelo do medo e as tempestades da dúvida, a fim de que o coração

---

[60] *Reformador*, jan. 1977. Mensagem psicografada pelo Médium Júlio Cezar Grandi Ribeiro, na Casa Espírita Cristã, em Vila Velha (ES) na noite de 14.maio.1970.

sincero encontre novos trilhos de paz e segurança pelos desvãos das experiências terrestres.

Assim, a pretexto de zelos excessivos, não entraves a divulgação das verdades eternas, imaginando que os impositivos celestes enviarão mensageiros a todo instante para os serviços do despertamento individual. Soou a hora do ensino coletivo. O tempo não retrocede!

Divulgar não significa catequizar, exigindo mudanças de superfície. É informar, elucidar e transmitir, aguardando que o tempo favoreça os raciocínios sólidos que cooperam na transformação interior.

O Sol brilha para todos, porém necessitamos abandonar as furnas de nossa inércia para lhe absorvermos os favores de calor e vida nas resplandecências de cada dia.

Não retenhas nos cofres-fortes de teu egoísmo as sublimes lições que a Doutrina Espírita te concedeu à filosofia de vida. Também, não isoles no reduzido dimensionamento de tua cela doutrinária a Luz que emana dos Céus em favor dos homens na Terra.

Abre as janelas de tua instituição espírita, sem tibiez ou indiferença, e deixa que as luzes dos arautos do Senhor brilhem afanosas em favor do mundo!

Já imaginaste o que seria de nossas existências, nos dias atuais, se Kardec houvesse amealhado nobres convicções ante as vozes dos Céus, guardando-as a sete chaves de inescrupulosa insensatez, temendo os impactos da divulgação oportuna?

Medita: Jesus buscou um monte para fazer-se ouvir pela multidão; Kardec valeu-se do concurso dos livros, alcançando simultaneamente tantas almas, estribando-se na perenidade dos testemunhos escritos.

Estás, de igual modo, convocado a abraçar teus misteres na sublime tarefa de divulgação da Luz.

A evolução da humana ciência encurtará os caminhos da comunicação entre irmãos e apresentará variadas oportunidades de te engajares na semeadura do esclarecimento doutrinário.

Livros, revistas, jornais, páginas avulsas, panfletos elucidativos, cartazes que apelem para os sentidos, coadjuvarão o trabalho insano das vozes instrutivas que alcançarão os lares pelos telhados das casas.

Não te amesquinhes na indecisão. Se estás convicto da Verdade, divulga-a em favor do teu semelhante, antes que a timidez te impeça a matrícula entre os servidores do Cristo.

O próprio Mestre, ao promover junto à humanidade a singular campanha do Amor, trouxe ensino e consolo aos corações endividados, curando em praça pública, pregando às margens de um lago, levantando mortos à vista curiosa da multidão e deixando-se imolar numa cruz, bem acima de todos, para que até o derradeiro instante pudesse dar testemunho do imenso perdão de Deus.

São chegados os tempos propícios à vulgarização dos ensinos espíritas. Mas, antes de te entregares aos serviços da iluminação do próximo, observa, atentamente, se já abraçaste o esforço de tua conversão ao Bem.

Jesus recomendou ao leproso, tendo em vista a divulgação das excelências de seu reino: "Vai e mostra-te aos sacerdotes!"

Antes, porém, limpou-lhe as chagas, evidenciando-lhe a autoridade do exemplo que invariavelmente traduz êxito nos eloquentes testemunhos humanos.

GUILLON RIBEIRO

42
DEVOTOS DE SUPERFÍCIE[61]

E eu rogarei a meu Pai, e Ele vos enviará outro
Consolador, a fim de que fique eternamente convosco.
JESUS[62]

A Doutrina Espírita, em sua destinação de Consolador Prometido, apresta-se, diante da humanidade, em atendimento ao seu desiderato, abraçando a reponsabilidade histórica na marcha da civilização.

Não se detém unicamente particularizando conforto e consolo, socorro e estímulo aos encarnados nas dores dos resgates indispensáveis. Descerra às criaturas os infindáveis campos da renovação interior, na lavoura do apoio recíproco e da fraternidade

---
[61] *Reformador*, mar. 1977. Mensagem recebida pelo médium Júlio Cezar Grandi Ribeiro, na reunião pública da Casa Espírita Cristã, Vila Velha (ES) na noite de 14.ago.1970.
[62] JOÃO, 14:16.

verdadeira, promovendo, intensamente, o conúbio de forças dos dois planos da vida, num sintomático e decisivo apelo ao Amor.

Paulatinamente, a Revelação Espírita desdobra-se em informações e ensinamentos dosados e adequados aos nossos níveis de compreensão e maturidade.

Instrutores do infinito Bem, apóstolos da perfeição moral, benfeitores da Luz divina integram-se no mesmo afã evangélico de lastrear os caminhos humanos com a palavra do bom ânimo e da sua transformação para melhor.

O ensino espírita faz-se respeitado no seio das comunidades pela contínua atualidade de seus conceitos quanto pelo acervo inalienável de seu patrimônio educacional.

Lamentavelmente, entretanto, temos observado que dilatado número de corações abeira-se da fonte conservando odres vazios...

Impulsionados, muitos deles, pelos dolorosos acicates do sofrimento, encontraram o bálsamo para as suas chagas íntimas, postando-se, ainda hoje, de mãos estendidas e corações súplices, quais indigentes da viciação sistemática, que abarrotam os saguões de instituições socorristas terrestres. Mostram-se incapazes de refletir e raciocinar; porém, são ávidos em receber.

Outros, quais frágeis avezinhas pressentindo o sopro das adversidades, pousaram suas esperanças nos troncos robustecidos do amparo moral que a Doutrina a todos proporciona e aquietaram-se, quais filhotes implumes, à espera do alimento pronto, sem a mais leve intenção de reanimarem-se para as realidades do esforço próprio. Louvam a excelência do amparo dos benfeitores celestes, embora não se distanciem da inércia espiritual onde se cotovelam.

Outros mais, que se achegaram aos esteios luminosos do Espiritismo, quais cigarras estonteantes de entusiasmo e gratidão ante a fenomenologia abundante e convincente, experimentam as vacilações da fé passageira que não recebeu senão as insuflações das primeiras horas, satisfazendo-se, tão só, à tepidez do arrebol, em observações de superfície, sonegando imprescindível apoio à fornalha da razão pelo exercício do estudo sistematizado. Cantaram louvores à imortalidade comprovada, contudo, deixaram-se cair, exangues, incapazes de pressentir, na ação do tempo, as vizinhanças do inverno na alma.

Quantos espíritas não se dignaram adentrar o vasto campo do conhecimento que a Doutrina lhes oferece, pervagando, indiferentes ou tumultuosos, entre superficialidades do trivial e do passageiro! Há de lhes chegar o momento grave, quando difícil abatimento ou decepção lhes espicaçará a tibiez espiritual que os impediu à boa marcha, sob o império da vontade resoluta, no estudo e no conhecimento das verdades superiores.

São eles os devotos de superfície, desejosos de se repletarem nos favores imediatistas.

Os celeiros do Espiritismo estão abarrotados, sim, de consolo e de esperança, de estímulo e de bom ânimo, trazendo, igualmente, as advertências em torno do valor do tempo e das oportunidades que a vida nos confere, para que nos fortaleçamos no conhecimento e na sabedoria que nos equilibrarão, frente ao amor, para os cimos da Vida.

Quem adia o esforço pessoal na dinâmica das horas não assimilou, por enquanto, a verdadeira noção do tempo.

Temos os espíritos ainda tão carentes de entendimento e disciplina, quanto reconhecemos nossas organizações somáticas necessitadas de pão.

Aprofundemo-nos na Doutrina Espírita, valorizando, em nós, as bênçãos do livre-arbítrio em nome do estudo enobrecedor que nos alimenta os espíritos.

O passe ser-nos-á valioso auxílio de refazimento e alívio; a água fluidificada será o veículo propício aos benefícios suscitados em preces; as notícias dos familiares ou amigos domiciliados no Além arregimentar-nos-ão júbilos espirituais e trégua às saudades lancinantes; a orientação medicamentosa nos proporcionará justo alívio à enfermidade pertinaz; o núcleo assistencial surgirá à nossa frente como indispensável oficina de adestramento de corações; mas tudo isso não passará de recursos de superfície se o espiritista, cônscio de seus deveres fundamentais diante da vida, não enriquecer o mundo íntimo no conhecimento indispensável e sustentador.

Não se pode substituir a cirurgia enérgica por paliativos de barbitúricos intoxicastes quando a extirpação do mal é indispensável ao equilíbrio físico. O bisturi fará assepsia definitiva onde a droga é impotente para agir. De igual modo, não poderemos adiar o aprofundamento na instrução espírita, reconhecidos de que somente o esforço próprio, despendido no estudo e na meditação eficaz, nos removerá os óbices à nossa saúde integral. E o Livro Espírita aí está, como instrumento oportuno do Consolador Prometido, qual fórceps sublime, desentranhando-nos das sombras de nossa mediocridade evolutiva para luzeiros da consciência esclarecida, sob a escolta do coração operoso.

Guillon Ribeiro

43
FORMAÇÃO DE EQUIPE[63]

O Espiritismo não é, como Paracleto, destinado unicamente a enxugar lágrimas, pensar chagas ou lenir temores. Acima de tudo, traz consigo a gloriosa missão de renovador do "eu", ensejando-nos abençoado afã de nossa redenção.

Prodigaliza-nos campo de esforço próprio, descerrando-nos a liberdade de consciência com que estamos responsabilizados face a nossas construções espirituais, sem nos exonerar do apoio recíproco, com o qual colaboraremos, uns com os outros, na renovação dos homens para a eternidade.

Traz-nos a Ciência e a Filosofia como fontes de indagação e pesquisa, orientação e certeza. Mas, oferta-nos, de igual modo, o Evangelho por desiderato de nossas vidas na marcha para a luz infinita, convocando-nos à semeadura de valores imperecíveis em nossa intimidade espiritual.

---

[63] *Reformador*, nov. 1976. Página psicografada pelo médium Julio Cezar Grandi Ribeiro, em reunião pública da Casa Espírita Cristã, em Vila Velha (ES) no dia 5.jul.1970.

Entretanto, já imaginaste o Centro Espírita como uma usina de amplos benefícios, reclamando-nos cooperação eficiente quais peças indispensáveis aos mecanismos da luz em harmoniosa produtividade?

Busca, dessa forma, espertar na consciência de teus companheiros de fé o senso do cooperativismo e da participação, evitando as lideranças autocráticas que não refletem, de modo algum, os princípios renovadores da Terceira Revelação.

Já vão distantes os gloriosos misteres de nossos antepassados, imolando-se, sozinhos, pela implantação do ideal, quais moirões de excelente decisão e férrea vontade, embasando os serviços da crença. Nosso lema, na atualidade, é congregar, reunir, para melhor servir a Jesus.

Enseja realização para teus companheiros de fé. A hora do despertamento vem soando para muitos corações nas lutas terrenas a demandarem os núcleos espiritistas como células vivas do trabalho cristão.

Permitir a cristalização da Causa em rotinas de experiências pretéritas é impedir a marcha do progresso que o Espiritismo enfaticamente proclama com seu lastreado bom senso.

A experiência humana avança com as conquistas científicas e, ao seu lado, marcha a Doutrina Espírita pelos trilhos evolucionistas.

Convoca participantes para as tarefas que se esbocem nos cenários da instituição.

É fato que a seara ainda é de poucos. Entretanto, somos, muitas vezes, aqueles que mais reduzimos o grupo dos lidadores fiéis, impedindo a incursão de novos cooperadores junto à Causa, por abraçar desmedida superproteção aos negócios do Senhor que a divina Providência supervisiona.

A hora presente é de intensa convocação às campanhas de esclarecimento dos homens. Grande é o número dos que deixam diariamente o casulo de carne, estupefaciados diante da realidade da vida.

Nossos irmãos desencarnados, em dificuldades emocionais, não dispensam, por agora, as reuniões de esclarecimento e auxílio. Entretanto, reconhecemos ser de maior eficiência a elucidação dos encarnados, os que permanecem com os pés na poeira do mundo, a fim de que o erro campeie em menor escala pelos escaninhos humanos, evitando maiores dificuldades no plano espiritual.

Falar aos desencarnados é remediar problemas. Mas evangelizar encarnados será impedir o mutirão das trevas nos escombros do Além.

Sei que febricitas de entusiasmo pelas tarefas do auxílio fraterno em nome da benemerência. Louvável, pelo esforço no amor ao próximo. Porém, não descuides de reservar nas acomodações da casa espírita alguns metros quadrados para uma assistência social diferente. Aquela desenvolvida em favor da criança e do jovem que um dia te substituirão nas lides administrativas da instituição, comandando, também, o Movimento Espírita que defendes, na atualidade, com entranhada dedicação.

Elabora um estudo sistematizado da Doutrina que tanto admiras. Já arrolaste os livros de esclarecimentos doutrinários que vens relegando a segundo plano, negligenciando com os imperativos da leitura assídua e permanente, que visa a uma eficaz atualização de conhecimentos?

Já te ocorreu a elaboração de um plano de estudo e de ensino para frequentadores da instituição espírita, atendendo, com igual interesse, crianças, jovens e adultos?

Quando os Espíritos do Senhor apontaram Allan Kardec como Codificador da Doutrina, assentaram suas esperanças nas experiências de um eminente professor e didata, pedagogo e sociólogo, sábio e pesquisador, deixando aí, também, valiosa advertência para a posteridade.

Esforça-te, amigo, por penetrar nos valores do conhecimento espírita.

Espiritismo pode ser fenomenologia de conforto espiritual. Entretanto, por terapia de Espíritos endividados, há de ser estudo e meditação, informação e ensino que favoreçam, continuamente, as indagações do raciocínio e do trabalho em favor do Espírito, construindo alavancas de amor e sabedoria que, de futuro, o reerguerá aos cimos das bem-aventuranças.

GUILLON RIBEIRO

44
O Centro Espírita[64]

O Centro Espírita é importante núcleo educativo no vasto instituto da família humana, onde recolhemos sublimes inspirações que nos induzem ao autoaperfeiçoamento e nos ensejam o dever do auxílio mútuo no plantio do amor.

Imaginemo-lo na complexidade de usina e laboratório, hospital e escola, núcleo de pesquisas e célula de experiências valiosas, onde coração e cérebro se entreguem a inadiáveis tarefas de abnegação e fraternidade, de equilíbrio e união, do estudo e luz.

Abençoado lar de nossas almas, recorda-nos a efetiva integração na grande família universal.

Sentindo-lhe a missionária participação na atualidade de nossos destinos, abracemos responsabilidades e encargos na casa espírita, evitando, quanto possível, que a instituição cresça ao sabor da casualidade, relegando à inspiração de benfeitores espirituais zelos e providências inerentes aos encarnado.

---

[64] *Reformador*, ago. 1976. Mensagem psicografada pelo médium Júlio Cezar Grandi Ribeiro, em reunião pública da Casa Espírita Cristã, Vila Velha (ES) em 2.fev.1969.

Findas as primeiras emoções no contato com as verdades espirituais, deixemos que a razão nos governe os sentimentos, a fim de que o Centro Espírita se alteie, disciplinado e nobre, conservando seu potencial de atividades futuras, à feição da semente, exuberante de esperanças, entremostrando nos tenros rebentos os germens que organizarão os diversos departamentos do vegetal superior, transformadores da seiva nutriz em frutos sazonados.

Evitemos as improvisações na sementeira da fé. Dois mil anos de experiências no Cristianismo são preciosas lições que não se podem desprezar.

A casa espírita guardará, por certo, a simplicidade do templo de corações, mas não poderá fugir às destinações de educandário de almas.

Adequar-lhe a ambiência física, com vistas às suas finalidades precípuas, é consequência inadiável de nossa vivência à luz do bom senso, que jamais se compadece com a inoperância de tudo relegar à determinação única dos Espíritos.

Observemos, em breves comparações, os valores da cultura terrestre determinando eficiente orientação para o progresso geral, criando, nos bastidores de suas conquistas, ambientes propícios ao desenvolvimento de suas atividades. Aqui, reconhecemos que os redutos de instrução pedem salas adequadas, do pré-escolar ao estudo de nível superior; ali, verificamos que os laboratórios médicos exigem implementos próprios, em meio asséptico; adiante, anotamos os engenhos da cibernética reclamando da tecnologia crescente compartimentos especiais para que funcionem a contento, amparando o progresso...

Se as conquistas transitórias da mente reclamam tempo e espaço adequados às manipulações do estudo digno, estipulando em média 15 anos no labor ininterrupto com os livros para que os diplomas rotulem o conhecimento especializado, que não dizer das aquisições perenes do Espírito no trato com a moral sublime onde a religião reserva à fé seu galardão de luz?!

Contemplemos o recanto de terra trabalhada pelo agricultor. Após o primeiro instante do êxtase sob a força do ideal, o lidador do solo entrega-se, afanoso, a arrotear o campo, dividindo a área cultivada em compartimentos destinados a este ou aquele cultivo.

O Centro Espírita não deve crescer, igualmente, ao influxo de nosso puro sentimentalismo, que nem sempre reflete amadurecimento, segurança ou equilíbrio.

Entendemos, assim, a importância do movimento unificador na Doutrina, cujas Instituições mais experientes orientarão o crescimento equilibrado dos novos núcleos, ainda carentes de previsão e segurança.

A família cuidadosa edificará o domicílio acolhedor, prevendo, para melhor prover, departamentos nos quais acolherá a prole querida, em que atenderá às obrigações sociais e montará o indispensável laboratório da alimentação e saúde.

Similarmente, a casa espírita há de surgir, crescer e desenvolver-se, considerando suas definições próprias nos cenários humanos.

É indispensável a sala de orações onde nos entregamos de igual modo aos estudos públicos do Evangelho e da Vida ou à conversação discreta com irmãos enfermiços do plano espiritual. Contudo, bem maior é a responsabilidade, ainda não percebida por todos os espíritas, de mobilizar todos os recursos possíveis à instrução, orientação, alertamento e educação dos encarnados, seja na infância, na mocidade, na madureza ou na velhice, a fim de que se desincumbam com êxito de suas tarefas.

O Centro Espírita será, antes de tudo, o estabelecimento educativo para encarnados, de vez que o plano espiritual não se abstém de organizar a ambiência adequada ao amparo dos desencarnados.

Atentos, pois, à organização jurídico-social de nossas instituições, sem nos descurarmos dos encargos econômicos impostos pelo cotidiano, observemos, com singular ênfase, sua adequação física com vistas ao funcionamento ideal dos núcleos doutrinários vigilantes no conhecimento de que o Centro Espírita ainda que singelo e pequenino, exigirá de cada um de nós dignidade de convicção e fé, bem como disciplina e elevação no sublime sacerdócio que nos cabe no santuário de nossa renovação espiritual.

GUILLON RIBEIRO

APÊNDICE

Distribuição dos espíritas por estado e região do país, considerando os Censos de 2000 e 2010.

Brasil	2000	2010
Sul	**292.187**	**551.562**
RS	186.680	343.784
SC	44.059	98.973
PR	61.448	108.805
Sudeste	**1.434.088**	**2.459.452**
RJ	347.970	647.572
SP	779.325	1356.193
MG	284.336	419.094
ES	22.457	36.593
Norte	**49.330**	**77.624**
PA	25.473	33.924
AM	9.336	14.800
RO	5.265	8.905
TO	5.364	8.940
AC	1.547	4.190
AP	986	2.781
RR	1.359	4.084
Nordeste	**267.572**	**438.009**
MA	5.933	12.505
PI	4.713	9.840
CE	24.108	46.756
RN	13.358	24.826
PB	12.499	23.175
PE	79.155	123.798
AL	9.991	17.066
SE	12.607	22.266
BA	105.208	157.777
Centro-Oeste	**219.222**	**322.229**
MT	23.886	38.044
MS	30.714	46.610
GO	109.490	147.740
DF	55.132	89.836
Totais	**2.262.401**	**3.848.876**

REFERÊNCIAS

ALVES, Rubem. *Protestantismo e repressão*. São Paulo: Ática, 1982.

CHRISPINO, Alvaro (Org.). *Aos espíritas*. Salvador: LEAL, 2005.

FRANCO, Divaldo. *Lampadário espírita*. Pelo Espírito Joanna de Ângelis. 3. ed. Rio de Janeiro: FEB, 1978.

DURANT, Will. *César e Cristo*: história da civilização. v. 3, Rio de Janeiro: Record, 1971.

KARDEC, Allan. *Obras póstumas*. Tradução de Guillon Ribeiro. 1. ed. especial. Rio de Janeiro: FEB, 2005.

MARTIN, Oliver. *Sociología de las ciencias*. Buenos Aires: Nueva Vision, 2003.

RIBEIRO, Júlio Cezar Grandi. O centro espírita. Pelo Espírito Guillon Ribeiro. *Reformador*, Rio de Janeiro, ano 94, n. 8, p. 17-18, ago. 1976.

_____. Espíritas!. Pelo Espírito Guillon Ribeiro. *Reformador*, Rio de Janeiro, ano 94, n. 9, p. 22, set. 1976.

_____. Formação de equipe. Pelo Espírito Guillon Ribeiro. *Reformador*, Rio de Janeiro, ano 94, p. 30, nov. 1976.

_____. Tarefas. Pelo Espírito Guillon Ribeiro. *Reformador*. Rio de Janeiro, ano 94, n. 12, p. 7, dez. 1976.

_____. Divulgação doutrinária. Pelo Espírito Guillon Ribeiro. *Reformador*, Rio de Janeiro, ano 95, n. 1, p. 12, jan. 1977.

_____. Devotos de superfície. Pelo Espírito Guillon Ribeiro. *Reformador*, Rio de Janeiro, ano 95, n. 3, p. 24, mar. 1977.

_____. Grupos mediúnicos. Pelo Espírito Guillon Ribeiro. *Reformador*, Rio de Janeiro, ano 95, n. 6, p. 14, jun. 1977.

_____. Zelo doutrinário. Pelo Espírito Guillon Ribeiro. *Reformador*, Rio de Janeiro, ano 95, n.7, p. 27, jul. 1977.

_____. Considerações oportunas. Pelo Espírito Guillon Ribeiro. *Reformador*, Rio de Janeiro, ano 95, n. 8, p. 29, ago. 1977.

VIEIRA, Waldo. *Seareiros de volta*. Por Espíritos diversos. 2. ed. Rio de Janeiro: FEB, 1968.

XAVIER, Francisco Cândido. *Contos e apólogos*. Pelo Espírito Irmão X. 14. ed. 1. imp. Brasília: FEB, 2013.

_____. Divulgação espírita. Pelo Espírito Bezerra de Menezes. *Reformador*, Rio de Janeiro, ano 95, n. 4, p. 12, abr. 1977.

_____. *Estante da vida*. Pelo Espírito Irmão X. 10. ed. 4. imp. Brasília: FEB, 2014.

_____. Exposição espírita. Pelo Espírito Emmanuel. *Reformador*, Rio de Janeiro, ano 96, n. 8, p. 35, ago. 1978.

_____. *Instruções psicofônicas*. Por Espíritos diversos. 10. ed. 1. imp. Brasília: FEB, 2013.

_____. *Luz acima*. Por Espíritos diversos. 11. ed. 4. imp. Brasília: FEB, 2013.

_____. O centro espírita. Pelo Espírito Emmanuel. *Reformador*, Rio de Janeiro, ano LXIX, n. 9, p. 5, jan. 1951.

_____. *O espírito da verdade*. Por Espíritos diversos. 18. ed. 3. imp. Brasília: FEB, 2014.

_____. Prioridades. Pelo Espírito Emmanuel. *Reformador*, Rio de Janeiro, ano 92, n. 5, p. 14-15, maio 1974.

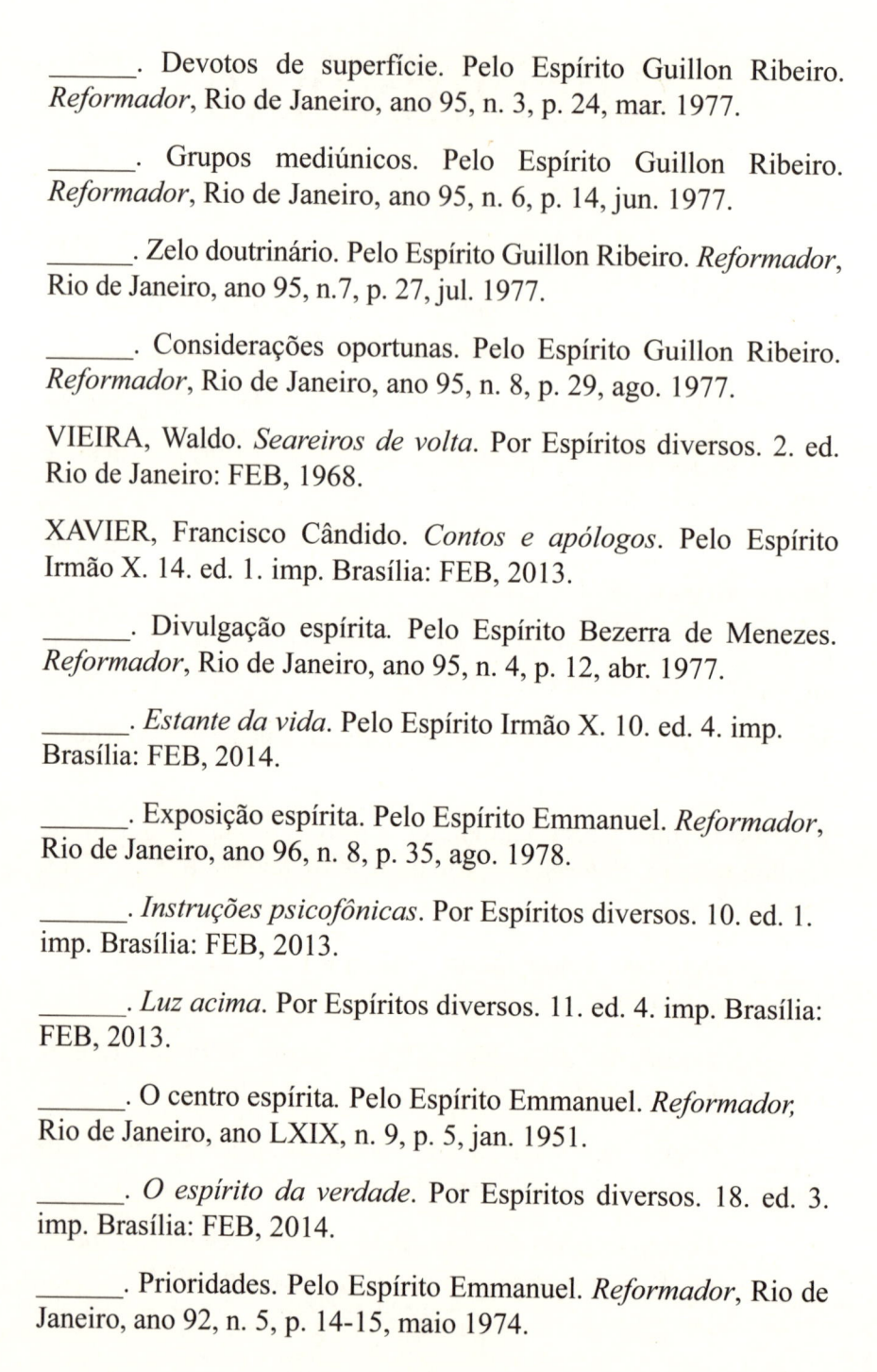

_____. *Pão nosso.* Pelo Espírito Emmanuel. 1. ed. 6. imp. Brasília: FEB, 2014.

_____. *Religião dos espíritos.* Pelo Espírito Emmanuel. 22. ed. 3. imp. Brasília: FEB, 2014.

_____. *Rumo certo.* Pelo Espírito Emmanuel. 12. ed. 2. imp. Brasília: FEB, 2013.

_____. *Seara dos médiuns.* Pelo Espírito Emmanuel. 20. ed. 4. imp. Brasília: FEB, 2014.

_____. Unificação. Pelo Espírito Emmanuel. *Reformador.* Rio de Janeiro, ano 95, n. 10, p. 17, out. 1977.

_____. *Vozes do grande além.* Por Espíritos diversos. 6. ed. 1. imp. Brasília: FEB, 2013.

XAVIER, Francisco Cândido; VIEIRA, Waldo. *Estude e viva.* Pelos Espíritos Emmanuel e André Luiz. 14. ed. 2. imp. Brasília: FEB, 2013.

Literatura espírita

EM QUALQUER PARTE DO MUNDO, é comum encontrar pessoas que se interessem por assuntos como imortalidade, comunicação com Espíritos, vida após a morte e reencarnação. A crescente popularidade desses temas pode ser avaliada com o sucesso de vários filmes, seriados, novelas e peças teatrais que incluem em seus roteiros conceitos ligados à espiritualidade e à alma.

Cada vez mais, a imprensa evidencia a literatura espírita, cujas obras impressionam até mesmo grandes veículos de comunicação devido ao seu grande número de vendas. O principal motivo pela busca dos filmes e livros do gênero é simples: o Espiritismo consegue responder, de forma clara, perguntas que pairam sobre a humanidade desde o princípio dos tempos. Quem somos nós? De onde viemos? Para onde vamos?

A literatura espírita apresenta argumentos fundamentados na razão, que acabam atraindo leitores de todas as idades.

Os textos são trabalhados com afinco, apresentam boas histórias e informações coerentes que se baseiam em fatos reais.

Os ensinamentos espíritas trazem a mensagem consoladora de que existe vida após a morte, e essa é uma das melhores notícias que podemos receber quando temos entes queridos que já não habitam mais a Terra. As conquistas e os aprendizados adquiridos em vida sempre farão parte do nosso futuro e prosseguirão de forma ininterrupta por toda a jornada pessoal de cada um.

Divulgar o Espiritismo por meio da literatura é a principal missão da FEB Editora, que, há mais de cem anos, seleciona conteúdos doutrinários de qualidade para espalhar a palavra e o ideal do Cristo por todo o mundo, rumo ao caminho da felicidade e plenitude.

O que é Espiritismo?

O ESPIRITISMO É UM CONJUNTO DE PRINCÍPIOS E LEIS reveladas por Espíritos superiores ao educador francês Allan Kardec, que compilou o material em cinco obras que ficariam conhecidas posteriormente como a Codificação: O livro dos espíritos, O livro dos médiuns, O evangelho segundo o espiritismo, O céu e o inferno e A gênese.

Como uma nova ciência, o Espiritismo veio apresentar à humanidade, com provas indiscutíveis, a existência e a natureza do mundo espiritual, além de suas relações com o mundo físico. A partir dessas evidências, o mundo espiritual deixa de ser algo sobrenatural e passa a ser considerado como inesgotável força da natureza, fonte viva de inúmeros fenômenos até hoje incompreendidos e, por esse motivo, creditados como fantasiosos e extraordinários.

Jesus Cristo ressaltou a relação entre homem e Espírito por várias vezes durante sua jornada na Terra, e talvez alguns de seus ensinamentos pareçam incompreensíveis ou sejam erroneamente interpretados por essa associação. O Espiritismo surge então como uma chave, que pode explicar tudo mais facilmente e de maneira clara.

A Doutrina Espírita revela novos e profundos conceitos sobre Deus, o universo, a humanidade, os Espíritos e as leis que regem a vida. Ela merece ser estudada, analisada e praticada todos os dias de nossa existência, pois o seu valioso conteúdo servirá de grande impulso a nossa evolução.

O livro espírita*

CADA LIVRO EDIFICANTE É PORTA LIBERTADORA.

O livro espírita, entretanto, emancipa a alma nos fundamentos da vida.

O livro científico livra da incultura; o livro espírita livra da crueldade, para que os louros intelectuais não se desregrem na delinquência.

O livro filosófico livra do preconceito; o livro espírita livra da divagação delirante, a fim de que a elucidação não se converta em palavras inúteis.

O livro piedoso livra do desespero; o livro espírita livra da superstição, para que a fé não se abastarde em fanatismo.

O livro jurídico livra da injustiça; o livro espírita livra da parcialidade, a fim de que o direito não se faça instrumento da opressão.

O livro técnico livra da insipiência; o livro espírita livra da vaidade, para que a especialização não seja manejada em prejuízo dos outros.

O livro de agricultura livra do primitivismo; o livro espírita livra da ambição desvairada, a fim de que o trabalho da gleba não se envileça.

O livro de regras sociais livra da rudeza de trato; o livro espírita livra da responsabilidade que, muitas vezes, transfigura o lar em atormentado reduto de sofrimento.

O livro de consolo livra da aflição; o livro espírita livra do êxtase inerte, para que o reconforto não se acomode em preguiça.

O livro informativo livra do atraso; o livro espírita livra do tempo perdido, a fim de que a hora vazia não nos arraste à queda em dívidas escabrosas.

Amparemos o livro respeitável, que é luz de hoje, no entanto, auxiliemos e divulguemos, quanto nos seja possível, o livro espírita, que é luz de hoje, amanhã e sempre.

O livro nobre livra da ignorância, mas o livro espírita livra da ignorância e livra do mal.

EMMANUEL

Página recebida pelo médium Francisco Cândido Xavier, em reunião pública da Comunhão Espírita Cristã, na noite de 25/2/1963, em Uberaba (MG), e transcrita de *Reformador*, abr. 1963.

Conselho Editorial:
Antonio Cesar Perri de Carvalho — Presidente

Coordenação Editorial:
Geraldo Campetti Sobrinho

Produção Editorial:
Rosiane Dias Rodrigues

Revisão:
Anna Cristina de Araújo Rodrigues
Lígia Dib Carneiro

Capa, Projeto Gráfico e Diagramação:
João Guilherme Andery Tayer

Foto de capa:
istockphoto.com/ TimHesterPhotography

Normalização Técnica:
Biblioteca de Obras Raras e Documentos Patrimoniais do Livro

Esta edição foi impressa pela Lis Gráfica e Editora Ltda., Bonsucesso, SP, com tiragem de 3 mil exemplares, todos em formato fechado de 160x230 mm e com mancha de 115x183 mm. Os papéis utilizados foram o Lux Cream 70 g/m² para o miolo e o cartão Supremo 300 g/m² para a capa. O texto principal foi composto em Gentium Basic 12/14,4 e os títulos em Latin Modern Roman Caps 33/30. Impresso no Brasil. *Presita en Brazilo.*